Tous nos remerciements à
La Fédération française de basket
Le centre fédéral de basketball, son encadrement
et ses jeunes pensionnaires,
L'INSEP.

Collection dirigée par Michel Deshors
© 2005 Éditions MILAN
300 Rue Léon Joulin – 31100 Toulouse cedex 9

Loi 49.956 du 16.07.1949
Dépôt légal : 2e semestre 2005
ISBN : 2-7459-1937-7

Maquette : Pascale Cazenave-Paris
Photogravure : Net Images-Paris
Impression : Fournié-Fonsegrives-Toulouse-France

Le basket-ball

Lucien Legrand
Michel Rat

Illustrations Alfred Morera

MILAN

Sommaire

Le Basket-Ball

Le basket-ball connaît aujourd'hui un succès incontestable et son audience est plus en plus forte auprès de nombreux publics.

La parution d'un ouvrage destiné plus particulièrement à des jeunes et qui leur permet de tout savoir sur leur sport favori donc un événement important qu'il convient de saluer.

C'est à ces jeunes que je veux m'adresser en soulignant qu'ils trouveront dans ce livre une mine d'informations et d'indications qui répondront à toutes leurs questions…

En effet, les multiples facettes de cette activité merveilleuses qu'est le basket-ball y sont développées, depuis l'initiation jusqu'au perfectionnement le plus élaboré.

Aussi, quel que soit votre âge et votre niveau, vous pourrez y puiser les connaissances, les techniques et les moyens de vous perfectionner, en poussant au plus haut point votre intérêt pour ce sport, et le plaisir de le pratiquer.

Que les auteurs, tous deux anciens joueurs de haut niveau et aujourd'hui techniciens experts et éducateurs avertis, en soient ici remerciés, car outre leurs compétences, on aperçoit aisément au travers des lignes leurs générosité et leur désire de transmettre.

Que ce livre trouve auprès de vous l'écho qu'il mérite.

Yvan Mainini
Président de la FFBB

I Un peu d'histoire

Parce que les étudiants
de l'université de Springfield,
aux États-Unis, s'ennuyaient
pendant les séances d'éducation
physique, un de leurs
professeurs, James Naismith,
inventa le basket, durant l'hiver 1891.

James Naismith

C'est un pasteur protestant, James Naismith, professeur d'éducation physique au collège de Springfield (Massachusetts), qui inventa le basket, conçu pour être un jeu sans violence, moins fastidieux que les leçons de gymnastique auxquelles il se substituait.

Le pasteur voulait trouver une activité nouvelle et les réflexions qu'il a conduites l'ont amené à définir des principes sur lesquels reposeront toutes les pratiques du basket-ball. Il ne se doutait pas qu'un siècle plus tard, ce sport passionnerait des millions d'adeptes sur les parquets lustrés des grands stades ou le bitume rugueux des grandes villes.

Les 5 principes édictés par James Naismith

- **1er principe :** le ballon est gros, sphérique et joué avec les mains.
- **2e principe :** tout joueur peut se déplacer à n'importe quel endroit sur le terrain.
- **3e principe :** il est interdit de courir avec le ballon dans les mains.
- **4e principe :** les équipes jouent ensemble sur le terrain, mais les contacts entre les joueurs sont interdits.
- **5e principe :** le but est horizontal et élevé, de petite dimension pour que soient privilégiées les qualités d'adresse au détriment de la force et de la puissance.

Les 5 principes établirent un premier règlement du jeu en permettant d'en préciser les conditions de déroulement. L'évolution des règles s'écrira en fonction des progrès techniques des joueurs, de l'entraînement et des entraîneurs, mais aussi des améliorations du matériel et d'une meilleure médiatisation du spectacle. Cependant, cette évolution préservera toujours le respect de ces 5 principes fondamentaux.l'engouement pour le Lawn Tennis (ou « paume de pelouse ») fut important.

En 1877, le 1er championnat masculin fut créé sur le terrain de Wimbledon, dans la banlieue sud de Londres, et dès 1880 les premières compétitions féminines firent leur apparition.

La traversée de l'Atlantique

Le basket connaît immédiatement un grand succès aux États-Unis, où la plupart des universités se mettent à le pratiquer. Puis il gagne l'Europe et les autres continents. En France, la première rencontre se déroule à Paris, rue de Trévise, le 27 décembre 1893. Des rencontres internationales opposant des universitaires américains à leurs homologues étrangers sont organisées. Le mouvement olympique naissant s'intéresse aussi à ce nouveau jeu, qui est présenté en démonstration aux J.O. de 1904 à Saint Louis (USA) et de 1924 à Paris. La vague du basket s'étend rapidement et le jeu devient bientôt un sport pour lequel, compte tenu de son universalisation, il est nécessaire d'unifier les règles, afin que tous les pays puissent se rencontrer et s'affronter. Ainsi naît la FIBA, en septembre 1934.

La FIBA (Fédération Internationale de Basket Association)

La FIBA impose peu à peu son identité (dans bien des pays, le basket était régi par d'autres fédérations, comme en France, notamment par celle de l'athlétisme) ce qui lui permet, après bien des combats, d'obtenir une reconnaissance se traduisant par l'admission du basket aux J.O. de Berlin (1936).
Aujourd'hui, la FIBA gère le basket partout dans le monde. Les grandes compétitions internationales (championnats du monde, jeux Olympiques), autrefois réservées aux seuls « amateurs », sont étendues depuis 1992 aux professionnels.
C'est ainsi que la sélection des États-Unis aux J.O. de Barcelone, la *dream team* (« équipe de rêve »)

Le basket aujourd'hui

régulièrement le nombre de ses licenciés et le basket de rue se développe sur les parkings, dans les cours d'immeubles. Les élèves réclament plus de basket au cours des séances d'éducation physique et des paniers se sont installés partout… Les revues spécialisées et les chaînes de télé diffusent une image de sport spectacle. Les industriels du sport s'intéressent de très près à ce phénomène en suscitant des envies, surtout chez les enfants et les adolescents.

Dans ce contexte, le basket est souvent présenté comme le sport du troisième millénaire…

Le basket, qui a vécu une véritable révolution au cours de la dernière décennie du xxe siècle, est désormais un sport majeur, non seulement aux États-Unis mais aussi en Europe et sur les autres continents.
Que ce soit au sein des fédérations sportives, dans les associations ou en dehors de ces organisations, le basket se développe partout, peut-être parce qu'il est porteur de tous les ingrédients d'un rêve : celui de l'Amérique. En France, la Fédération voit augmenter

II

Découvrir le basket

Des clubs et des écolest'attendent
pour te faire découvrir le basket
et t'enseigner les fondamentaux
et les subtilités de la technique
individuelle et collective.

Le plaisir de jouer

Tu viens de subtiliser le ballon à ton adversaire, tu traverses le terrain en effaçant d'une feinte imparable chaque défenseur qui se présente, tu t'élances et réalises un super dunk qui écrase le cercle et transperce le filet !

Pour réussir cette prouesse, il faudra apprendre et beaucoup travailler, revenir souvent sur le parquet et chercher constamment à progresser, seul ou avec tes camarades.
Sache que quel que soit ton âge, fille ou garçon, grand ou petit, tu peux toujours trouver les moyens de satisfaire ta passion.
Tu dois pouvoir te divertir à travers ce jeu d'adresse excitant et passionnant, et ainsi perfectionner ton habileté et ton efficacité en jeu.
À l'école ou en club, tu t'initieras et tu te perfectionneras.

N'oublie pas cependant que pour t'exprimer pleinement dans ce sport et éprouver davantage de plaisir et de satisfaction, tu dois accepter de consentir des efforts. C'est à ce prix que tu obtiendras une meilleure maîtrise du jeu et que tu atteindras les sommets auxquels tu aspires.

Où pratiquer ?

Tu peux jouer au basket n'importe où :
- dans ta cour, où tu auras installé un panier sur lequel tu t'exerceras avec ton ballon ;
- sur le parking de l'immeuble, où tu pourras jouer seul ou avec tes copains et copines ;
- à l'école, dans la cour de récréation ;
- dans le club, où tu découvriras la compétition.

Dès 5 ans ! Tu peux t'amuser avec un ballon et l'envoyer dans un panier dès l'âge de 5 ans, mais pour intégrer une équipe, il faut avoir 7 ou 8 ans. Tu commences alors à jouer au baby-basket ou au mini-basket et il faut que tu prennes une licence dans un club proche de chez toi.

La licence

Signer une licence dans un club, c'est prendre un engagement sportif et moral : le respect des règles, de l'adversaire et de l'arbitre. C'est aussi se placer sous le contrôle d'une autorité médicale et contracter une assurance. C'est donc un acte important !

La tenue

La tenue du basketteur est ample et confortable pour permettre au corps de s'exprimer dans toutes les phases de jeu.

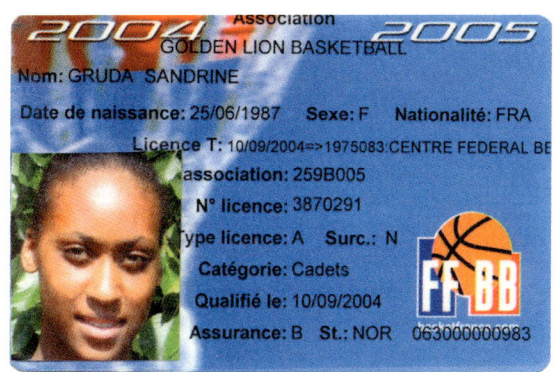

En compétition, les maillots de chaque équipe doivent être distinctifs et le numéro porté par chaque joueur, suffisamment grand pour être facilement identifié par les arbitres.

- Maillot sans manche
- Short
- Chaussettes
- Chaussures de basket

Les qualités du basketteur

Le basket est un sport de coordination et d'adresse, et sa pratique développera chez toi ces qualités importantes. Les exigences du règlement t'imposeront la maîtrise de tes mouvements et de ton agressivité, donc un grand contrôle de toi-même.

Sur le plan physique, la vitesse pour les démarrages vifs, l'habileté pour les changements de direction seront sollicitées, de même que les qualités de détente, que tu devras perfectionner pour devenir un joueur « aérien ». Enfin, il te faudra réagir vite à partir des informations que tu prendras dans le jeu (on parle généralement de « lecture du jeu »). Pour cela, tu devras cultiver tes facultés d'observation et de concentration.

**Tu n'es pas obligé
de mesurer 2 m
pour pratiquer ce sport !
Tu devras adapter ton jeu
à ta morphologie.**

Bon joueur ?

Toutes ces capacités, que tu t'efforceras
d'améliorer par l'entraînement, ne feront
de toi un bon joueur que si tu sais
te mettre au service des autres, tout
en sachant prendre tes responsabilités
dans le respect des règles et du fair-play

III

Les règles du basket

L'inventeur du basket-ball,
James Naismith, a créé
un jeu collectif où sont
exaltées des vertus
majeures comme
le respect de l'adversaire
et la maîtrise de soi.

Les règles d'espace, de temps et de marque

Comme dans tout jeu, il existe des règles nécessaires et, même indispensables, à sa pratique. Un règlement international a été élaboré pour que tous les clubs ou toutes les nations du monde puissent se rencontrer et jouer le même basket.

Le terrain de jeu

Le jeu se déroule sur une surface rectangulaire dont les dimensions sont de 28 m de long sur 15 m de large.

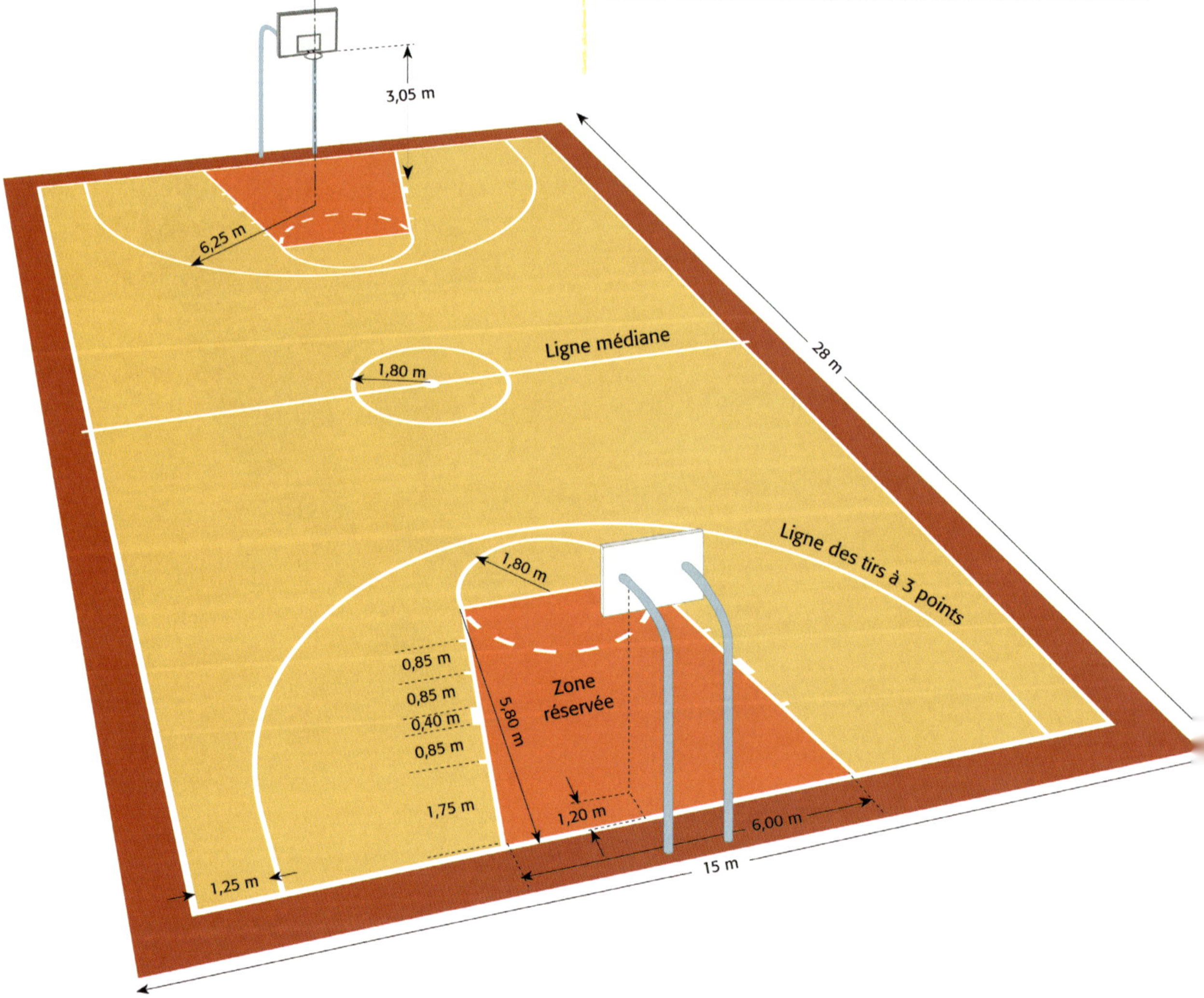

3,05 m

6,25 m

1,80 m

Ligne médiane

28 m

Ligne des tirs à 3 points

1,80 m

0,85 m
0,85 m
0,40 m
0,85 m

5,80 m

Zone réservée

1,75 m

1,20 m

6,00 m

1,25 m

15 m

Les paniers

Ils sont placés à chaque extrémité du terrain et chacun est fixé sur un panneau vertical rigide (en bois dur ou en Plexiglas de 3 cm d'épaisseur). La cible est constituée d'un cerceau horizontal situé à 3,05 m du sol.

Pour qu'un panier soit réussi, la balle doit traverser le panier de haut en bas.

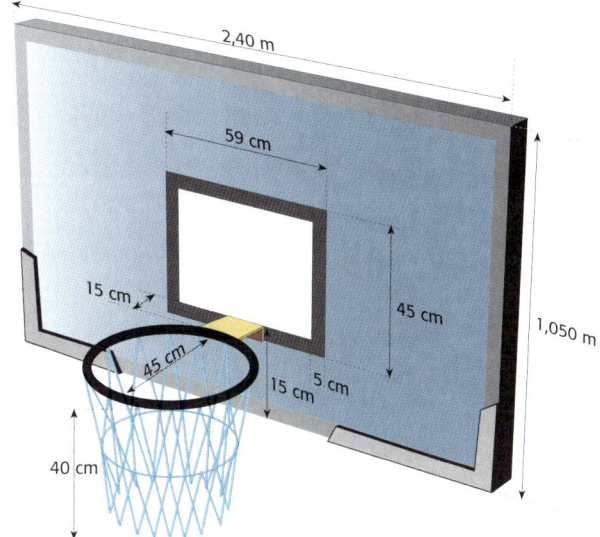

Le ballon

Il est sphérique, en cuir, en caoutchouc ou en matière synthétique. Son poids se situe entre 600 et 650 g et sa circonférence doit être comprise entre 75 et 78 cm (ballon de taille n° 7).

Il peut être de différentes tailles en fonction de l'âge des joueurs.
Le mini-basket se joue avec un ballon de taille n° 5, dont le poids se situe entre 450 et 500 g.
Le baby-basket se dispute avec un ballon plus petit, pesant 300 g et mesurant 20 cm de diamètre.
Les jeunes filles jouent avec un ballon de taille n° 6 ou n° 7 selon les fédérations.

Le nombre de joueurs

Le basket se pratique à 5 contre 5 sur le terrain, chaque équipe ayant droit à des remplaçants (5, ou 7 au niveau international).
Les 10 noms doivent être inscrits sur la feuille de marque avant l'entre-deux de début de rencontre.
L'entraîneur peut décider du remplacement d'un ou plusieurs joueurs au cours de la partie. Ce changement doit être demandé à la table de marque, où se trouvent les officiels, à savoir le marqueur, le chronométreur et l'opérateur des 24 secondes.

Les temps de jeu
Durée de la partie

Les rencontres officielles se déroulent en 4 périodes de 10 mn effectives de jeu : tous les coups de sifflet de l'arbitre entraînent l'arrêt du chronomètre !
La pause à la mi-temps dure 15 mn.
Certaines compétitions s'organisent en matchs divisés en 4 périodes de 12 mn. L'intervalle entre les périodes est de 2 mn. C'est le cas chez les professionnels de la NBA.
S'il y a égalité au score à la fin du temps de jeu réglementaire, une ou plusieurs prolongations (de 5 mn chacune) sont disputées jusqu'à ce qu'un vainqueur soit proclamé.

Temps mort

Les entraîneurs ont la possibilité de demander 1 temps mort au cours de chacune des 3 premières périodes, et 2 pendant la 4e (durée du temps mort : 1 mn).

● La règle des 24 s
Une équipe en possession de la balle dispose de 24 s pour tenter un tir au panier. À défaut, elle perd la balle, qui est donnée à l'adversaire.

● La règle des 8 s
L'équipe attaquante qui possède la balle en zone arrière dispose de 8 s pour la faire passer en zone avant. Lorsqu'une équipe est en zone avant, elle ne peut plus revenir en zone arrière. Sinon, c'est le retour en zone, qui est interdit.

● La règle des 5 s
Si un attaquant possesseur de la balle est étroitement marqué par l'adversaire et s'il ne fait aucune action de jeu pendant 5 s (passe, dribble ou tir), la balle est donnée à l'équipe adverse.

● La règle des 3 s
Lorsqu'une équipe a le contrôle du ballon, un de ses joueurs en situation d'attaque ne doit pas rester plus de 3 s dans la « raquette » de l'équipe adverse.

Les points marqués

Les points attribués par panier réussi varient selon l'endroit du terrain où a été déclenché le tir :
– 3 points pour un tir réussi déclenché au-delà de la ligne des 6,25 m ;
– 2 points pour tir réussi déclenché en deçà de la ligne des 6,25 m ;
– 1 point pour un lancer franc réussi.

Les règles importantes pour jouer

Tu sais qu'il est interdit de courir balle en main : **c'est le marcher.**
Tu peux en revanche te déplacer avec le ballon en le faisant rebondir : **c'est le dribble.**
Voici les règles essentielles que tu dois respecter par rapport à l'interdit du marcher
et à la tolérance du dribble.

Le marcher

La règle la plus générale est que tu as le droit
à 2 temps, balle en main : quand tu cours et
que tu reçois un ballon en l'air, tu peux réaliser
2 temps, c'est-à-dire poser au sol un appui, puis
l'autre. Mais tu dois te débarrasser de la balle
(passer, dribbler ou tirer au panier) avant de poser
un autre appui.

Tu reçois le ballon en l'air.
En retombant, tu poses l'appui gauche.

Puis tu poses l'appui droit.

Attention, tu dois lâcher la balle avant
de poser à nouveau le pied gauche.

**Le marcher est une progression au cours
de laquelle sont effectués plus de 2 appuis
au sol, ballon en main.**

Il existe, bien entendu, des moyens qui permettent d'assurer cette progression en évitant le
marcher. Pour cela, il faut d'abord parfaitement
maîtriser les arrêts et le pivoter.

Le pivoter

Un pivoter a lieu lorsqu'un joueur, en possession du ballon, déplace le même pied une ou plusieurs fois dans n'importe quelle direction, alors que l'autre pied, appelé **pied de pivot,** est maintenu à son point de contact avec le sol.

Le choix du pied de pivot

● **Si tu es à l'arrêt et que tu reçois le ballon alors que tu as les 2 pieds au sol,** tu peux utiliser l'un ou l'autre pied comme pied de pivot.

Dès que l'un des deux pieds est levé, l'autre devient pied de pivot.

● **Si tu reçois le ballon alors que tu es en mouvement ou que tu es en train de dribbler,** tu peux t'arrêter et choisir ton pied de pivot celon les 2 cas suivants :

● **1ᵉʳ cas
Un pied est en contact avec le sol**
Il devient pied de pivot dès que l'autre pied touche le sol.

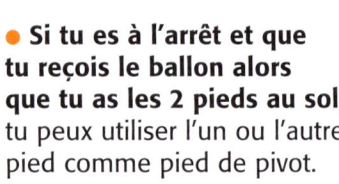

Mais tu peux sauter sur ce pied dans un mouvement continu et retomber simultanément sur les 2 pieds.
Alors, aucun pied ne peut être pied de pivot.

● **2e cas**
**Tes 2 pieds ne sont pas
en contact avec le sol.**

● **Soit** tu retombes
simultanément sur
les 2 pieds.

*Tu peux alors utiliser l'un ou l'autre pied comme pied de pivot.
Dès que l'un est levé, l'autre devient pied de pivot.*

● **Soit** tu retombes
sur un pied suivi
de l'autre pied.

C'est le premier qui a touché le sol qui devient pied de pivot.

● **Soit** tu retombes
sur un pied.

Pivoter n'est pas marcher,
c'est s'orienter dans différentes
directions pour enchaîner d'autres
actions, comme le dribble, le tir
ou la passe.

*Tu peux sauter sur ce pied et retomber simultanément sur les 2 pieds.
Alors, aucun pied ne peut être pied de pivot.*

La progression avec le ballon après l'arrêt

**Que peux-tu réaliser une fois
que tu t'es arrêté et que
tu as choisi ton pied de pivot ?**

● **Tu peux passer ou tenter un tir.**
Ton pied de pivot peut être levé,
mais il ne peut plus reprendre
contact avec le sol avant que
le ballon n'ait quitté tes mains

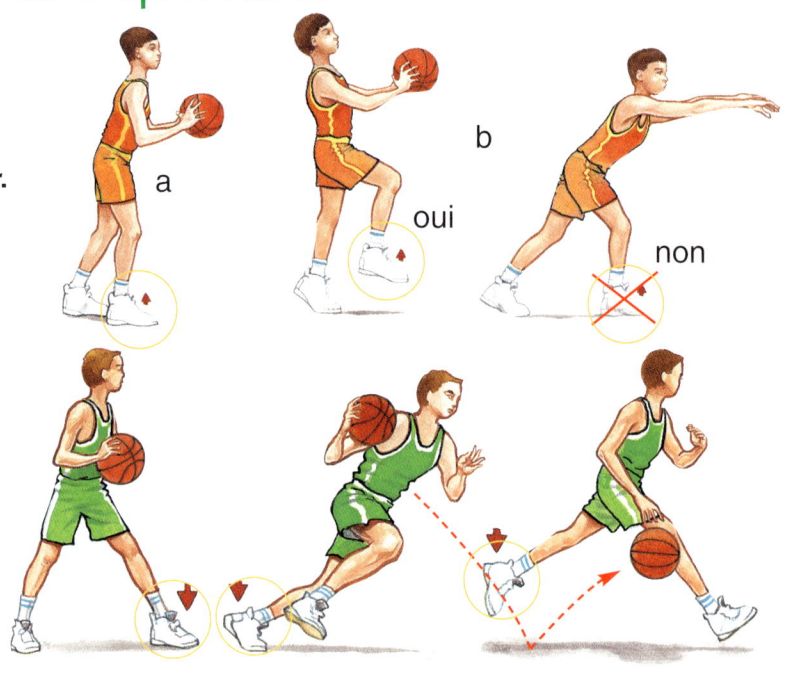

a

b

oui

non

● **Tu peux partir en dribble.**
Ton pied de pivot ne peut
être levé avant que le ballon
n'ait quitté ta main.

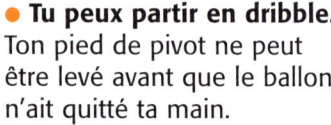

**Que peux-tu faire une fois que tu t'es arrêté
et qu'aucun pied n'est pied de pivot ?**

● **Tu peux faire une passe ou tenter
un panier.**
Tu lèves ton pied gauche ou ton pied
droit ;
tu peux aussi lever les 2 pieds
simultanément, mais ils ne peuvent
retourner au sol avant que le ballon
n'ait quitté tes mains.

a

b

c

d

Le dribble

Dribbler, c'est progresser en faisant rebondir le ballon sur le sol.

● **Mais attention,
tu ne peux pas :**

● dribbler à 2 mains ;

● effectuer une reprise
de dribble, c'est-à-dire dribbler,
t'arrêter en saisissant le ballon,
puis dribbler à nouveau...

a

b

c

● partir en dribble si ton pied
de pivot est déjà levé

Le non-respect des règles
de progression (marcher,
reprise de dribble) ou
d'arrêt avec le ballon
constitue une violation
qui entraîne la perte
du ballon et la remise
en jeu par l'équipe
adverse en dehors
du terrain, à la hauteur
de la violation commise.

Les contacts et les fautes personnelles

Quand tu joues au basket, tu dois réaliser tes actions de jeu avec et sans le ballon, en évitant les contacts avec l'adversaire.

● **Si tu as le ballon, tu seras sanctionné :**

● si tu passes en force ;

● si tu utilises illégalement tes mains ou tes bras.

● **Si tu n'as pas le ballon, tu seras sanctionné :**

● si tu le bouscules ;

● si tu touches ou tiens un adversaire ;

● si tu le pousses ;

● si tu l'accroches.

Si tu te rends responsable de l'une de ces fautes, tu seras sanctionné d'une faute personnelle. L'arbitre siffle en désignant ton numéro et, à ta 5e faute personnelle, tu seras exclu de la partie.

Réparations

Les fautes personnelles donnent lieu, selon les circonstances, à des réparations différentes :
● sur un joueur tireur : 2 ou 3 lancers francs suivant la position de la faute par rapport à la ligne des 3 points ;
● sur un non-tireur : remise en jeu en dehors du terrain, à la hauteur de la faute commise.
Mais à partir de la 4e faute d'équipe à chaque période, la sanction se transforme en 2 lancers francs.

Les autres fautes

Les fautes techniques

Elles sanctionnent toute attitude et tout comportement antisportifs d'un entraîneur ou d'un joueur.

> **Les fautes techniques de joueurs sont sanctionnées par 2 lancers francs et la possession du ballon à la ligne médiane.**

Les fautes antisportives

Elles résultent de contacts volontaires et prémédités avec un adversaire.

> **Les fautes antisportives sont sanctionnées par 1 ou plusieurs lancers francs suivis de la possession du ballon à la ligne médiane.**

Les fautes disqualifiantes

Ce sont des fautes graves sifflées à l'encontre de joueurs ou d'entraîneurs qui multiplient les fautes techniques ou qui commettent des fautes flagrantes avec intention malveillante.

> **Les fautes disqualifiantes entraînent l'exclusion immédiate et définitive des fautifs. Les mêmes sanctions que pour les fautes antisportives sont applicables.**

Note la position des arbitres lors d'un lancer franc.

PETIT RAPPEL DES RÈGLES FONDAMENTALES
ALORS, SOUVIENS-TOI BIEN :

● **Ton équipe a le ballon, et veut développer son attaque.**
Elle a 5 s pour mettre le ballon en jeu, 8 s pour passer le milieu de terrain, et 24 s pour tirer.

Si tu es en possession du ballon tu peux faire une passe à un partenaire, dribbler, tirer ou pivoter. Mais tu ne peux pas garder le ballon plus de 5 s sans rien faire si tu es pressé par un adversaire, ou courir avec le ballon. Attention au marcher !

Tu ne peux pas, non plus, dribbler à 2 mains, effectuer une reprise de dribble, passer en force, user illégalement tes mains ou effectuer un retour en zone.

● **Ton équipe n'a pas le ballon et défend.**
Tu peux gêner la progression du ballon en te plaçant sur la trajectoire des passes et en interceptant.

Tu peux ralentir la progression du porteur du ballon ou gêner le tireur en t'opposant au tir et en contrant le ballon. Tu peux enfin récupérer le ballon « au rebond » après un tir.

Mais tu ne peux toujours pas tenir ou pousser un adversaire.

L'arbitrage

Deux ou trois arbitres dirigent une rencontre. Ils doivent veiller au respect des règles. Voici les tâches essentielles qu'ils doivent accomplir pour le bon déroulement de cette rencontre.

Les arbitres : leur mission

Avant le match

Ils vérifient le matériel, les licences, l'organisation de la table de marque et la feuille de marque

Pendant le match

Ils sont tour à tour arbitre de tête ou arbitre de queue. Ils surveillent tout ce qui se passe au ras du sol et sous les paniers, le comportement des joueurs et la circulation du ballon. Ils sifflent toutes les fautes constatées et ordonnent les sanctions correspondantes.

Les autres officiels d'une rencontre

Trois personnes, au minimum, assistent les arbitres durant un match.

● **Un marqueur** enregistre les équipes sur la feuille de marque, tient le compte des points marqués et des fautes personnelles.

● **Un chronométreur** mesure le temps de jeu, décompte les arrêts de jeu et fait respecter les temps morts.

● **Un opérateur des 24 s** actionne un chronomètre particulier dès qu'une équipe entre en possession du ballon.

Un rôle difficile

Le rôle des arbitres est difficile car ils doivent très rapidement juger de l'importance de la faute et réagir en conséquence. Les marchers et les contacts sont souvent délicats à apprécier dans le feu de l'action.

Les arbitres : leur langage

Afin de bien se faire comprendre, les arbitres utilisent le langage des signes pour indiquer les fautes constatées.

S c o r e

1 point

Mouvement du poignet vers le bas

2 points
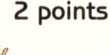

Mouvement du poignet vers le bas

Tentative à 3 points

3 doigts pointés

3 points réussis

3 doigts pointés

Panier annulé ou action annulée

Mouvement de ciseaux des bras devant le corps

C h r o n o m é t r a g e

Arrêt du chronomètre pour faute
(en même temps que le coup de sifflet)

Poing fermé. Paume de l'autre main tournée vers la taille du fautif

Reprise du jeu
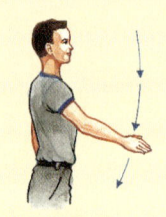
Mouvement de couperet avec la main

A d m i n i s t r a t i o n

Remplacement

Avant-bras croisés

Faire signe d'entrer

Mouvement de la main ouverte vers le corps

Temps mort accordé
Former un T avec le doigt et la main ouverte

V i o l a t i o n s

Marcher

Rotation des poings

Dribble illégal ou double dribble
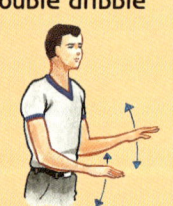
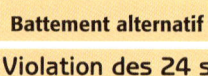
Battement alternatif

Porter du ballon
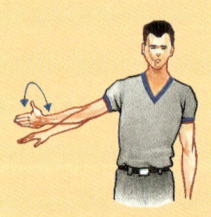
Demi-rotation vers l'avant

Violation des 3 s

Bras tendu, montrer 3 doigts

Violation des 5 s

Montrer 5 doigts

Violation des 8 s

Montrer 8 doigts

Violation des 24 s

Doigts touchant l'épaule

Faute de pied intentionnelle
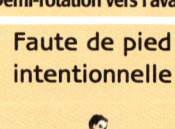

Doigt pointé vers le pied

Sorties du ballon
et/ou
direction du jeu
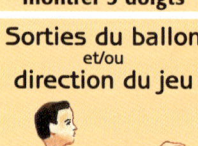
Doigt pointés parallèlement aux lignes de touche

Entre-deux

Pouces levés

Type de faute

Utilisation illégale des mains
Se frapper le poignet

Obstruction (attaque ou défense)
2 mains aux hanches

Usage excessif des coudes
Mouvement du coude vers l'arrière

Tenir
Saisir le poignet

Pousser ou charger sans le ballon
Imiter l'action de pousser

Passage en force avec le ballon
Poing fermé frappant la paume de la main

Faute d'une équipe qui contrôle le ballon
Poing fermé dirigé vers le panier de l'équipe fautive

Double faute
Ciseau des bras poings fermés

Faute technique
Former un T mains ouvertes

Faute antisportive
Se prendre le poignet

Faute disqualifiante
Poingts fermés

Lancers francs en dehors de la zone restrictive

1 lancer franc
Index pointé

2 lancers francs
Doigts serrés

3 lancers francs
3 doigts pointés

Nombre de lancers francs accordés

1 lancer franc
Doigt pointé vers le haut

2 lancers francs
2 doigts pointés

3 lancers francs
3 doigts pointés

IV

Les techniques individuelles

Pour bien jouer, il faut
que tu maîtrises les gestes
techniques de base
qu'impose le basket,
des gestes directement
issus du règlement.

Les techniques individuelles en attaque

Elles sont étudiées et analysées à partir des situations où le joueur attaquant est porteur du ballon

Nous verrons successivement :
- **les tirs ;**
- **les dribbles ;**
- **les passes.**

Les tirs

Ils constituent l'aboutissement du jeu et résultent d'une décision individuelle du joueur, en fonction des circonstances. Ce sont des lancers de précision dont le but est de faire pénétrer la balle dans le panier, de haut en bas.

Selon les postes de jeu et les situations sur le terrain, les tirs peuvent être classés dans des grandes catégories :

- les tirs du lancer franc,
- les tirs en course ;
- les tirs en suspension ;
- les tirs « intérieurs » (dans la raquette)
- les smashes.

Le lancer franc

C'est l'unique tir à l'arrêt, sans
opposition, puisque le tireur est
seul, face à la cible !
La concentration et la préparation
mentale sont déterminantes
dans ce lancer de précision,
dont voici maintenant
les éléments techniques.

● **Le placement des pieds
sur le sol**
Les pieds se tiennent derrière
la ligne, légèrement décalés,
les jambes sont fléchies,
les talons sont décollés

● **La verticalité
ou l'équilibre du corps**
C'est un élément primordial
de la réussite du tir.
Le ballon, le genou et le pied
sont bien positionnés à
la verticale les uns des autres.

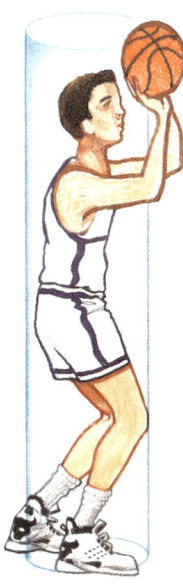

● **Le placement de la main**

Le placement des doigts de la main qui tire définit la direction et la trajectoire du ballon. L'autre main sert de guide.

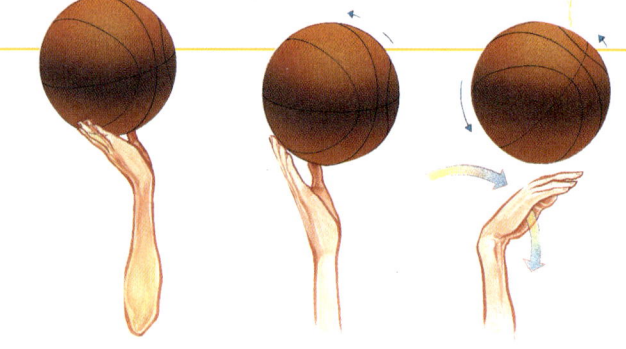

La paume de la main ne colle pas au ballon, qui doit rester en équilibre sur les doigts, comme sur les coussinets des pattes d'un chat. Le poignet est cassé.

● **La préparation mentale**

Tu dois évacuer toutes les pensées qui traversent ton esprit, viser le centre du panier et ne penser qu'à envoyer le ballon à cet endroit.

Il faut que tu maintiennes ton regard sur le panier et que tu évites de regarder le ballon.

● **Le début du lancer
et le grandissement**
C'est un mouvement complet
d'extension en douceur.
Tes hanches et tes genoux
sont souples.
Tu dois bien contrôler
l'extension de ton coude
et la flexion de ton poignet.

● **La finition du geste**
Attention à la précipitation !
Ton poignet fouette et ton
index accompagne le ballon.
Tes doigts découvrent le cercle.
Le ballon est parti en tournant
sur lui-même en rotation arrière.
Tu maintiens le poids de ton
corps vers l'avant et termines
ton geste avec ta main en
« col de cygne ».

La trajectoire idéale

Plus le ballon arrive
verticalement dans le cercle,
plus celui-ci paraît grand.
Ton regard reste fixé
sur l'objectif.

Les tirs en course

Ils sont appelés ainsi parce que le joueur est en mouvement vers le panier. Ils peuvent se réaliser de diverses manières à l'issue de différents enchaînements.

Les tirs en course après dribble

Après avoir attrapé la balle à 2 mains sur le dernier dribble, -tu enchaînes 2 appuis et exécutes le tir après un saut en hauteur.

Les tirs en course sur réception de passe

La balle est attrapée en l'air.
Après un petit sursaut,
tu enchaînes tes 2 appuis
comme dans le cas précédent.

a

b

c

d

Les tirs en course à droite
du panier s'exécutent le plus
souvent de la main droite,
le dernier appui pour le saut
étant un appui gauche.
À gauche du panier,
c'est l'inverse.

Tu peux aussi attraper le ballon en l'air le plus haut possible et, avant qu'il ait retouché le sol, le lancer dans le panier en le contrôlant.

Quand tu cours sur un terrain de basket, attends-toi à recevoir le ballon à tout moment. Tu dois repérer immédiatement la distance qui te sépare du panier, puis choisir la meilleure solution de tir en course pour réussir ton tir.
Tout un programme sous la pression de l'adversaire !

Le lâcher de balle

Dans les 2 cas de tir en course, le lâcher de balle peut être effectué de différentes façons selon le placement de la paume et des doigts de la main qui tire.

● **Avec la main sous la balle :**
c'est la technique généralement utilisée quand il s'agit de tirer directement, sans l'aide du panneau.

● **Avec la main qui pousse la balle :**
c'est la technique généralement utilisée quand il s'agit de tirer à 45° vers le panneau.

Les tirs en suspension

Également nommés « *jump-shoots* », ils sont exécutés après un appel 2 pieds au sol et un saut vertical.
Le tireur, parvenu au point culminant de son saut, allonge son bras et « lance ses doigts » dans le panier.

Les tirs en suspension s'exécutent de près ou de loin et tous les joueurs, quel que soit leur poste (intérieur, ailier ou arrière), sont appelés à l'utiliser au cours du jeu…

Pour bien réussir les tirs en suspension

- Bien placer ton corps.
- Donner une bonne impulsion.
- Garder un parfait équilibre.
- Bien placer tes bras et tes épaules.
- Effectuer rapidement la visée.
- Lancer le ballon avec un final « les doigts dans le cercle ».
- Retrouver le sol au même endroit.
- Tes yeux doivent être fixés sur la cible, avant, pendant et après le lâcher de balle.

Comme les tirs en course, ils peuvent être déclenchés après dribble ou réception de passe. Dès que tu maîtrises le ballon, tu dois pouvoir t'orienter face à la cible.

Tu peux te retourner comme une toupie sur le pied n° 1, tandis que le pied n° 2 doit se poser très vite face à la cible. La rotation de la tête et le replacement de tes appuis te permettent alors de réaliser un saut bien équilibré pour réussir ton tir en suspension.

Tu peux aussi décoller et déplacer ton appui n° 2 (le pied droit sur le dessin) plusieurs fois, de façon à réaliser des feintes avant de tirer.

Relâchement

Les bons tireurs sont « relâchés » et accompagnent le geste de lancer très longtemps, en guidant bien les doigts vers le cercle. L'action que tu exerces sur la balle te permet d'agir sur la trajectoire du ballon, comme nous l'avons vu pour le lancer franc.

Les tirs intérieurs

Ils sont exécutés près du panier et souvent dans la zone restrictive, là où se trouve une forte pression défensive. Ils s'effectuent fréquemment dos au panier, le tireur ayant au préalable lutté pour obtenir une position avantageuse de réception du ballon.

Les tirs dos au panier sans dribble

Dans un premier temps, tu vas rechercher le tir dès la réception du ballon.

● **La réception**
Dos au panier, les 2 mains tenant le ballon, les coudes écartés, le buste droit, en maintenant un équilibre parfait.

● **Les informations**
Feinte avec le ballon à l'opposé du départ, recherche du contact avec l'adversaire, bon placement de l'appui au sol et choix du pied de pivot.

● **Le final**
Un tir en suspension avec appel des 2 pieds et rotation, ou un tir en vrille en force, ou encore un tir en puissance ballon tenu à 2 mains.

Tu peux aussi tenter :

● **un tir en suspension après un pivoter ;**

● **un tir en bras roulé intérieur après feinte de tir en suspension.**

Les tirs après dribble

Après une réception simultanée, dos au panier, tu pivotes puis feintes un tir en suspension. Ensuite, tu pars en dribble pour un tir à l'opposé du panier en double pas et bras roulé

Tu peux aussi tenter :
● **un tir de près,** après un dribble de réduction.

Les smashes ou **dunks**

Ces tirs spectaculaires sont de plus en plus fréquents dans les matchs de basket masculin. Ils donnent lieu, par ailleurs à des concours-exhibitions, comme celui de Bercy, toujours suivis par une foule enthousiaste.

Ils permettent une « explosion finale » caractérisée par la projection violente de la balle dans le cercle et le filet, à l'issue d'un saut aérien.

Sur le plan technique, *le dunk* peut être réalisé de façon variée, à 1 ou 2 mains, après des vrilles (plus ou moins amples) ou des appels diversifiés. Il donne souvent lieu à des figures aériennes qui font rêver.

Les dribbles

Dribbler, comme tu l'as déjà vu, c'est se déplacer avec le ballon en le faisant rebondir.

● **Le dribble permet au joueur :**
● de faire progresser la balle ;
● d'échapper à ses adversaires ou de se protéger ;
● de se créer des opportunités pour aller au panier ;
● de démarquer ses partenaires.

● **Sur le plan technique, tu dois être capable de :**
● maîtriser le ballon dans des déplacements très variés avec de nombreux changements de direction et de main ;
● garder la « vision » du champ de jeu en levant la tête ;
● te protéger avec le bras qui ne dribble pas.

● **Pour y parvenir, tu dois t'exercer à :**
● dribbler avec le bout des doigts ;
● garder le contact le plus longtemps possible avec la balle ;
● écarter les doigts de la main qui dribble et modifier la position de la main sur la balle ;
● conserver la souplesse et la fluidité dans le fouetter.

Observe l'attitude de ce dribbleur en jeu

● Le corps est en équilibre / le buste est droit / le bras libre protège de l'adversaire ;
● la tête est haute / le regard est orienté vers l'avant ;
● le poignet est souple / les doigts sont écartés ;
● la poussée s'effectue avec tous les doigts sur le ballon ;
● le ballon est tenu le plus loin possible de l'adversaire ;
● il reste toujours au contact des doigts ;
● les jambes sont fléchies / une jambe se tient proche de l'adversaire.

Les différents dribbles

Dribbles de vitesse

C'est un dribble de contre-attaque où tu dois maîtriser le ballon dans le sprint, tout en gardant une bonne vision du jeu, des partenaires et des adversaires.

> Pour améliorer ton dribble de vitesse, exerce-toi à slalomer en changeant de main.

Dribbles avec renversement et changement de main

C'est un dribble de contre-attaque où tu dois maîtriser le ballon dans le sprint, tout en gardant une bonne vision du jeu, des partenaires et des adversaires.

Autres formes de dribbles

Bas   **Haut**   **Avant**   **Arrière**   **Près du corps**

Loin du corps   **Entre les jambes**   **En croissant**   **Type hockey**

Les différents dribbles

Le même pied de pivot permet au joueur de réaliser un départ des 2 côtés.

1 ● Le départ croisé
● Choix du pied gauche comme pivot.
Le dribbleur décide un départ croisé pour éviter un adversaire.
C'est la main gauche qui va dribbler.

Attention : rappel !

● Le ballon doit avoir quitté la main avant le lever du pied de pivot.

2 ● Le départ direct
● Toujours le pied gauche comme pivot.
Le dribbleur décide un départ direct.
C'est la main droite qui va dribbler.

Les passes

Le basket est un sport d'équipe. Pour jouer avec tes partenaires, tu dois être capable de passer le ballon avec précision.

Les passes à l'arrêt

Comment parvenir à améliorer la qualité de ta passe ?

● **En jouant avec les 2 mains**
● *La préparation de la passe*
Les bras sont fléchis et
les coudes sont écartés.
Les 2 mains sont à hauteur
de la poitrine, de chaque côté
du ballon.
Le bout des doigts est en
contact avec le ballon, les
doigts écartés, les pouces côte
à côte.

● *Le début de la passe :*
la poussée
Les jambes sont fléchies pour
assurer l'équilibre du corps.
Les bras se déplient vers
l'avant à la hauteur des
épaules

● *La fin de la passe*
Les bras s'allongent vers
l'avant comme si les doigts
étaient collés au ballon.
Et c'est le fouetté final des
doigts, avec rotation du ballon.

● **En jouant à 1 seule main**
La préparation est sensiblement la même que
celle de la passe à 2 mains, mais la main libre
sert de protection et l'autre effectue la passe.

**Pour être précis, pousse avec
les doigts le plus longtemps
posssible et assure la rotation
avec le fouetté final.**

● **En jouant avec un partenaire**

La passe

▶

À 2 mains

À 1 main

En hauteur

Au sol

Loin du partenaire

La réception

◀

Anticipation
et préparation
des mains

Saisie à 2 mains

Saisie à 1 main
et ramener
dans l'autre main

Choix du mode
de passe
en retour

Les passes en déplacement

Elles sont évidemment plus fréquentes en compétition et plus difficiles à réaliser correctement.

La réception aussi est plus délicate. Tu ne dois pas laisser échapper le ballon, ni lors de la passe, ni lors de la réception.

Voici quelques exemples de passes en déplacement :

● **pour traverser le terrain en passes courtes ;**

● **Pour traverser le terrain en passes longues ;**

● **Pour smasher après une passe lobée.**

● **Pour tirer en course après une passe à terre ;**

La passe est un élément du jeu. Après l'avoir effectuée, tu dois te démarquer pour offrir des solutions à tes partenaires.

Les passes avec opposition

Ça se complique. L'adversaire est sur le terrain pour t'empêcher de recevoir le ballon.
Il faut te démarquer.

Attendre

Fixer

Se déplacer

Voici l'action du passe et va, décomposée en 3 phases :

Observer

Se redémarquer

Réceptionner

Pour bien réussir les passes

- **Pour le passeur :**
- ne jamais forcer une passe ;
- choisir la bonne passe en fonction de son partenaire et du défenseur, et utiliser des feintes ;
- adresser le ballon le plus loin possible du défenseur ;
- lancer en protégeant son ballon de l'adversaire après avoir « fixé » celui-ci.
- **Pour le réceptionneur :**
- attraper le ballon quelles que soient les situations de réception et le capter en maintenant son équilibre.

Passe à terre

Passe pour dunk

Passe en contre-attaque

Passe dans le dos

Passe aveugle

Passe à un joueur intérieur

Passe longue

Passe à un intérieur

Les techniques individuelles en défense

**Le basket est un jeu d'attaque,
nous l'avons vu, mais aussi de défense.**

- **Définition de la défense**
- Ton équipe ne possède pas la balle.
- Tu veux la reprendre le plus vite possible.
- Tu veux empêcher son possesseur de s'approcher du panier et de tenter un tir.
- Tu dois (en respectant le règlement) tenter de t'opposer au(x) joueur(s) qui essaie(nt) de réaliser un panier.
- Tu analyses la position du ballon par rapport au panier.
- Tu essaies de t'interposer entre ton adversaire et le panier.

> **Défendre, c'est « attaquer » l'adversaire, qu'il porte ou non le ballon, tenter de découvrir ses intentions, d'apprécier son niveau technique et l'empêcher de réaliser son but en le mettant dans des situations permettant à ton équipe de récupérer la balle.**

Ta vitesse d'intervention, ton efficacité et tes placements sont liés à une bonne observation du jeu.

Tu dois prendre en compte :
- les dimensions du terrain et le panier à défendre ;
- le ballon et sa circulation sur l'espace de jeu;
- les adversaires leurs placements et leurs déplacements;
- la position de tes partenaires.

Il faut toujours être en avance sur les interventions des attaquants, tenter des feintes de déplacement pour provoquer l'erreur et être en mesure de passer très vite de l'action de défenseur à celle d'attaquant.
Tu dois préserver une grande maîtrise de tous les déplacements et être capable de réagir comme un chat, avec souplesse, agilité, précision et équilibre.

> **Réagir très rapidement, c'est être en mesure de réaliser les gestes techniques fondamentaux de la défense et de percevoir tous les repères matériels et visuels qui vont t'aider dans la recherche de la récupération du ballon face aux attaquants adverses.**

La défense sur le porteur du ballon

C'est la situation que tu rencontres le plus souvent quand tu joues avec un camarade dans ta cour ou à l'école.

Un vrai duel

● Tu essaies, mais en vain, de lui prendre le ballon. Tu lui cours après. Tu ne peux l'empêcher de se déplacer en dribblant. Il conserve bien la maîtrise du ballon et arrive à se rapprocher du panier. Il tente alors un tir de près qui est, bien entendu, un gage de réussite pour lui car le but du jeu est de marquer le panier.

● Tu n'as pas le droit de le bousculer.
● Tu ne peux lui taper sur les mains.
● Tu dois essayer, en respectant toutes les règles du basket, de le stopper loin du panier pour l'obliger à se débarrasser du ballon.

La positive attitude

● Observe l'attitude de base du bon défenseur.

équilibre	bras
tête	bassin
regard	cuisses
buste	écartement des pieds.

À partir de cette attitude de base, tu dois être prêt à réagir aux moindres mouvements. Tu dois te déplacer le plus rapidement possible et retrouver instantanément des attitudes d'opposition tout en restant bien équilibré.

La prise de repères en défense

Grâce à des repères précis, tu vas te familiariser avec la défense sur un terrain de basket.
Il te faut évaluer la distance qui sépare l'attaquant, porteur du ballon, du panier à atteindre, et apprécier le risque de tir.

Tu dois, en même temps, localiser l'attaquant sur une ligne droite fictive le reliant au panier.

Il faut enfin que tu connaisses parfaitement le tracé du terrain et ses différentes lignes réglementaires. Mieux vaut en effet repousser tes adversaires vers la ligne de fond ou les lignes de touche.

● **Entre l'attaquant et le panier**
En fonction des repères visuels, tu vas pouvoir organiser ta défense. Et n'oublie jamais que tu dois te situer entre l'attaquant et le panier !

Tu ne dois toutefois pas rester immobile, tu dois réduire la distance qui te sépare de l'attaquant et empêcher celui-ci de progresser.

Tu dois aussi apprécier la vitesse
de l'attaquant pour l'obliger
à ralentir puis à arrêter
sa progression, ou à prendre
une direction qui l'éloigne
du panier.

● **Défendre, c'est aussi empêcher ton adversaire**
● de dribbler ;

*Défense bras écartés
à la hauteur
du ballon.*

*Défense en essayant
d'orienter ton adversaire
vers la ligne de touche.*

● de tirer ;

● de faire une passe.

*Défense en opposition avec main
sur le ballon, sans sauter.*

*Défense avec un saut latéral
dans la direction où la balle
a été envoyée.*

Fais attention, il ne doit pas y avoir de chocs
(c'est-à-dire d'obstruction).

Défendre, c'est « attaquer » l'adversaire,
qu'il porte ou non le ballon, tenter de
découvrir ses intentions, d'apprécier son
niveau technique et l'empêcher de réaliser
son but en le mettant dans des situations
permettant à ton équipe de récupérer
la balle.

Un bon jeu de jambes pour défendre

Avec ces repères, tu sais maintenant ce qu'il faut faire pour t'opposer à ton adversaire. Tu dois comprendre le rôle essentiel de tes jambes et les actions simultanées de tes bras et de tes mains.

Les attitudes évoluent constamment dans la course défensive.

- Tes appuis encadrent les siens.
- Ta tête fait face au ballon.
- Tes mains ne cherchent pas à prendre le ballon.

- Pas glissés ou pas chassés.
- Pas croisés ou pas courus.
- Course arrière : repli défensif.
- Des combinaisons de courses avant et arrière, latérales.

Une règle d'or : l'équilibre !

Il faut bien insister sur les attitudes fondamentales des jambes, notamment leur flexion, le travail des cuisses et la vitesse de réaction.

Jeu de mains en défense

Les bras et les mains doivent, en fonction des actions de l'attaquant, t'informer comme les antennes d'un radar.

Tu es défenseur. L'attaquant...

... se trouve face au panier, mais assez loin de lui. Il n'a pas dribblé.

- Tu t'opposes à l'attaquant comme dans un miroir.
- Ta tête est face au ballon.
- Tes pieds sont écartés.
- Tes bras sont ouverts et tes doigts, écartés.

... se tient à distance de tir au panier. Il présente le ballon.

- Tu présentes une main, la paume face au ballon et les doigts écartés.
- Ton pied avant et ta main avant se déplacent en même temps.
- Tu ne sautes pas, mais tu suis constamment le ballon avec la main.

... dribble.

- Tu t'opposes à l'attaquant comme dans un miroir. Ta tête est face au ballon. Tes pieds sont écartés. Tes bras sont ouverts et tes doigts, écartés.

... a stoppé son dribble.

- Tu te rapproches de ton adversaire et dessines avec tes mains tous les mouvements du ballon comme si un miroir vous séparait.

... tire au panier.

- Tu places ta main contre le ballon.
- Tu ne sautes pas.

... passe le ballon.

- Tu sautes en glissant très vite vers le ballon.
- Ta main essaie de gêner la passe.

En résumé en qualité de défenseur, tu dois toujours savoir ce que peut faire l'attaquant adverse quand il reçoit la balle.
- **Tirer au panier :** tu dois être capable de l'empêcher de tirer, sans essayer de lui prendre la balle.
- **Se déplacer en dribble :** tu réagis au moindre mouvement pour t'interposer entre la balle et le panier.
- **Passer la balle :** tu l'obliges à s'en débarrasser rapidement.

La défense sur un joueur non-porteur du ballon

Lorsque le joueur passe la balle à un de ses partenaires, le défenseur que tu es doit glisser par un saut rasant du côté où le ballon a été envoyé.

● Tu as placé ta main sur la trajectoire de la passe.

Ta tête : un radar

Lorsque tu défends sur un joueur non-porteur du ballon, tu dois te déplacer sans jamais perdre de vue ni le ballon, ni l'adversaire concerné.

● Ta tête est un véritable radar (positions 1, 2, 3). Ta main est positionnée comme pour indiquer la direction du ballon et l'autre main désigne la position de l'adversaire

Tes repères

Tes bras sont fixés pour que tes mains puissent te servir d'antennes : d'un côté vers le ballon, de l'autre vers ton adversaire. La tête ne fait pas la girouette.

- Tu apprécies les distances, à 1 passe, à 2 passes et sur passe et va.

- Sur un joueur qui coupe vers le panier.

- Sur un joueur à l'opposé du ballon en position basse.

- Sur un joueur à l'opposé du ballon en position haute.

En résumé

Pour réaliser une bonne défense sur un joueur qui n'a pas le ballon, tu dois donc :
- rester toujours informé des trajectoires de la balle, des déplacements de ton adversaire par rapport à la balle, des déplacements des autres joueurs ;
- leurrer : donner des fausses informations de déplacement ;
- anticiper sur une trajectoire du ballon et sur le déplacement de l'adversaire ;
- t'adapter aux caractéristiques de ton adversaire pour mieux t'y opposer ;
- exercer une pression constante sur l'attaquant de façon à lui faire commettre des erreurs ;
- tenter de récupérer le ballon le plus rapidement possible pour redevenir attaquant.

Une technique individuelle offensive ou défensive : le rebond

Le basket est un jeu aérien. Après le tir au panier, en cas d'échec, la balle n'appartient à personne. Les attaquants et les défenseurs doivent lutter pour la conquête du ballon.

Ces combats sont des duels communément appelés « 1 contre 1 ». Ce sont des défis où l'attaquant et le défenseur s'affrontent techniquement et physiquement, mais aussi mentalement.
Ces duels sont particulièrement intensifs dans les situations suivantes :
- la lutte pour s'emparer du ballon ;
- la lutte pour interdire l'accès vers le panier ou un emplacement-clé ;
- la lutte pour gagner une place « préférentielle », c'est-à-dire avantageuse pour celui ou celle qui l'a obtenue.

On distingue traditionnellement 2 grandes familles de rebonds, les offensifs et les défensifs.

Les rebonds offensifs

Ton partenaire vient de shooter au panier.

● **Tu dois :**
● agir le plus rapidement en essayant de prendre de vitesse le joueur qui défend sur toi, de façon à apprécier le mieux possible la trajectoire de la balle et son point de chute éventuel ;
● tenter de résister en essayant de contourner les adversaires sur ton chemin.
● garder les yeux sur le ballon en devinant le point de chute ;
● essayer de prendre la balle le plus haut possible à 2 mains ;
● te protéger pour tenter un 2e tir avant de retomber au sol (c'est la claquette) ou après avoir repris contact avec le parquet.

Les rebonds défensifs

En tant que défenseur, il te faut anticiper quand l'adversaire tire au panier et quand le ballon effectue sa trajectoire en décrivant une courbe très élevée.

● **Tu dois :**
● savoir qui a tiré ;
● savoir d'où il a tiré ;
● apprécier le point de chute du ballon et repérer cet espace ;
● empêcher ton adversaire de se placer devant toi et t'opposer à lui en réduisant la distance (contact écran) ;
● être devant lui pour attaquer la balle ;
● prendre la balle très fortement ;
● faire une passe à un équipier.

Alors que le rebond défensif est davantage orienté vers la prise de position au sol et la recherche de contact avec l'adversaire, le rebond offensif, à l'inverse, est plus aérien.

Un bon joueur rebondeur est un joueur qui apprécie bien les trajectoires et les déplacements des joueurs, qui est déterminé aux chocs physiques (contacts), qui synchronise parfaitement la lutte, les sauts et les « attrapers » de balle, qui anticipe et qui, par conséquent, valorise le résultat de l'équipe.

V

La tactique collective

Si une bonne maîtrise de la technique
individuelle est absolument nécessaire
et si une excellente connaissance
des gestes fondamentaux s'impose
pour réussir, il n'est pas moins vrai
que le basket est aussi
et surtout un sport collectif.

Le jeu collectif

Des stratégies défensives et des stratégies offensives sont élaborées pour donner aux équipes présentes sur le parquet les moyens de réussir des attaques victorieuses ou d'enrayer celles des adversaires. Pour réaliser ces objectifs, la tactique collective s'appuie sur des principes de jeu.

● Tu deviendras un vrai joueur de basket lorsque tu maîtriseras bien la stratégie développée avec des partenaires contre des adversaires.

● Tu dois maintenant, après le jeu récréatif, découvrir et accéder à un jeu plus « structuré », tel que tu le vois dans le basket du plus haut niveau.

● Tu vas apprendre à jouer. Des principes collectifs guideront tes actions, que ce soit en attaque ou en défense, de façon à coordonner ton jeu avec celui de tes partenaires, face à des adversaires décidés à ne pas te laisser jouer à ta guise.

● Puis tu t'adapteras au jeu structuré des bonnes équipes, à leur organisation sur le terrain, aux postes de jeu, etc.

● Tu devras passer par le jeu des débutants, la grappe autour du porteur du ballon.

Tu seras attaquant ou défenseur selon que ton équipe possède ou non le ballon.

La tactique collective en attaque

Un panier réussi est l'aboutissement
d'une succession d'actions individuelles
réalisées selon une stratégie collective.

La mobilité offensive

Les attaquants doivent évoluer en occupant
des espaces particuliers sur le terrain (espaces-clés
ou spots), ou se déplacer d'un espace à l'autre
en fonction de la circulation du ballon,
des partenaires ou des adversaires.
**Voici quelques exemples de combinaisons
tactiques simples, très souvent utilisées
pour favoriser les démarquages, fixer le jeu
par postes et autoriser les replacements.**

Dans le cas d'un jeu 3 contre 3

Occupation de l'espace

● Dispositif initial avec 3 joueurs extérieurs.

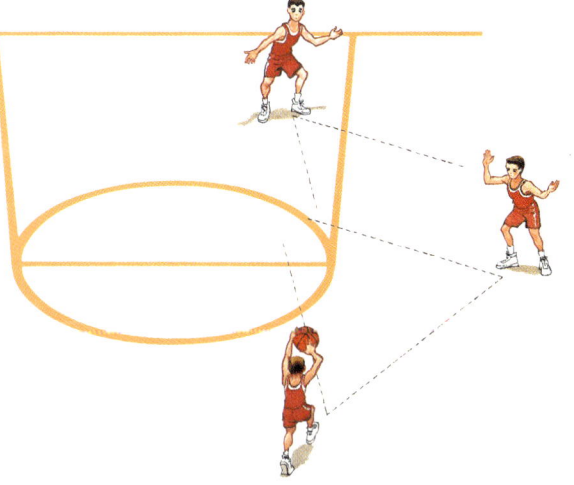

● Dispositif initial avec 2 joueurs extérieurs
   et 1 joueur intérieur, près du panier.

Quels enchaînements ou quelles combinaisons
tactiques peuvent être développés ?

Le passe et va

● C'est l'action de passer la balle à un partenaire et couper au panier.

Il passe.

Il va et reçoit.

Il tire.

● 1 passe à 2, qui a effectué un démarquage.
● 2 fait face au panier et adresse le ballon à 1, qui a coupé pour venir sous le cercle.
● 1 peut recevoir la balle et tenter un tir.

● Si 1 ne peut pas recevoir
le ballon, il sort de
la raquette côté opposé.
Il peut aussi sortir de la raquette
du côté du porteur du ballon.

Les écrans

Il y a plusieurs sortes d'écrans destinés à gêner la défense et favoriser les actions des attaquants.

● **L'écran direct**

C'est un écran sur le défenseur du porteur du ballon.

● A2 donne la balle à A3 et enchaîne un écran sur D3.

● A3 peut partir en dribble, protégé par son partenaire A2.

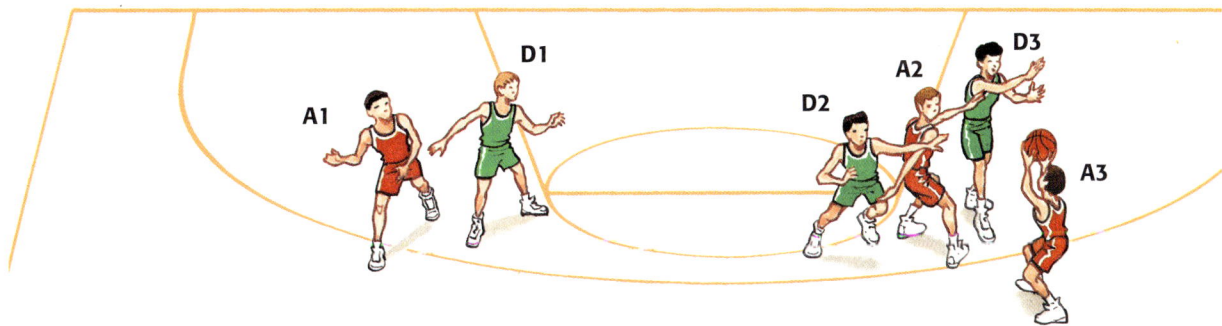

● A3 peut tirer toujours à l'abri de son partenaire A2 ou passer le ballon (*pick and roll*).

● **L'écran sur non-porteur**

C'est une action fréquente dans le basket moderne.

Poursuivons l'exemple précédent :

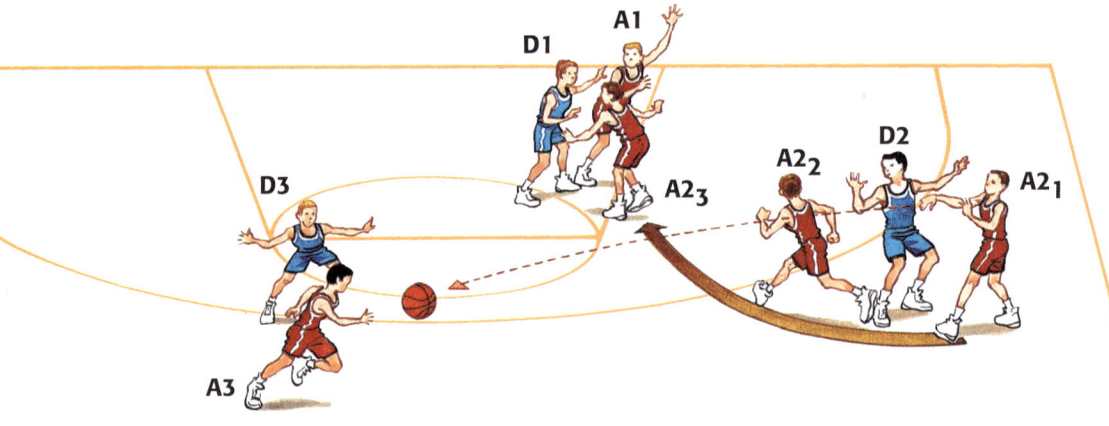

● A1 a donné la balle à A2, coupe et vient en position de pivot bas (passe et va).

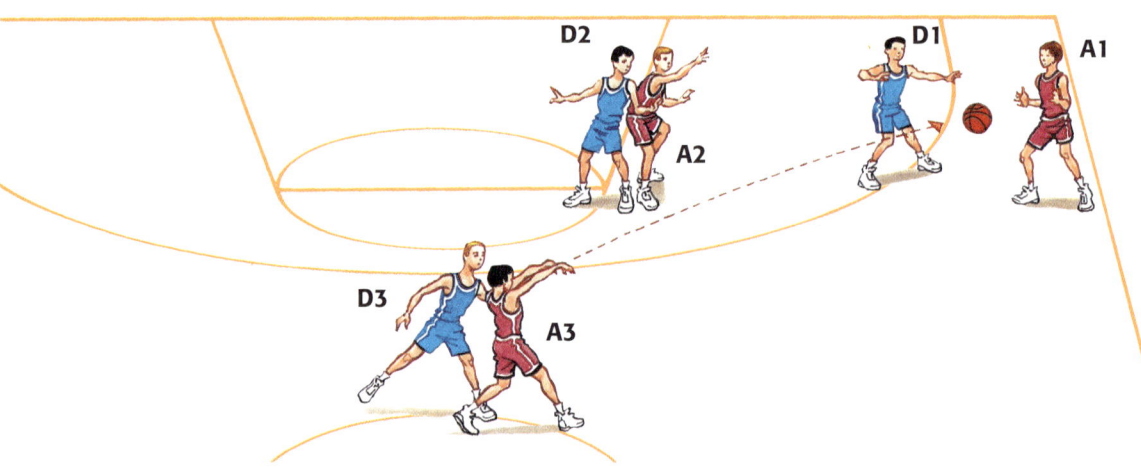

● A2 passe la balle à A3 et pose écran sur le défenseur de D1.

● A1 peut sortir sur l'aile pour recevoir le ballon.

Dans le jeu à 5

Les actions des 5 attaquants sont coordonnées sur le terrain, avec comme objectif d'amener un bon tir d'un joueur extérieur ou intérieur. La coordination se fait en fonction du terrain et des lignes de force de celui-ci.

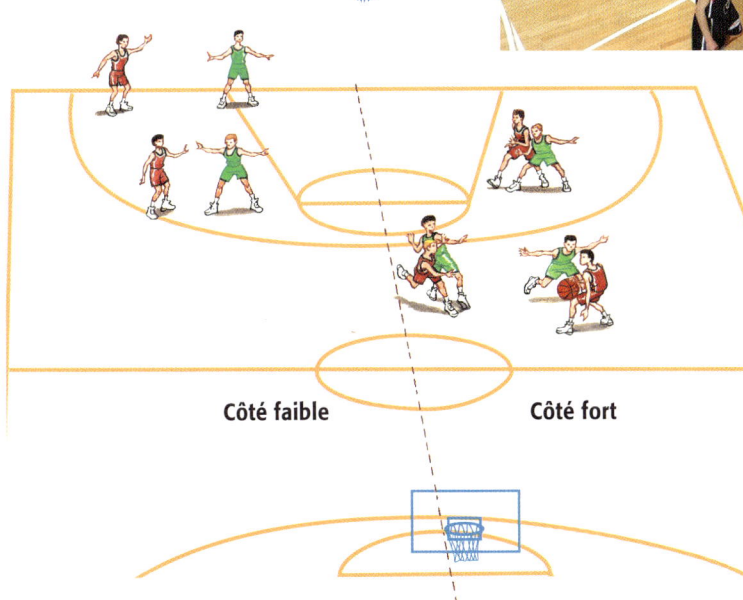

Côté faible   Côté fort

Quel que soit le type de défense, la défense homme à homme dans laquelle chaque défenseur marque un attaquant, ou la défense de zone qui donne la priorité à la défense du panier, l'attaque doit être organisée pour que chaque joueur soit actif par rapport à des tâches offensives, celles-ci évoluant constamment selon le porteur de balle.

Exemple de déclinaison des tâches
● **À partir d'un dispositif offensif 1-2-2**

● L'ailier 2 porteur de balle peut jouer le 1 contre 1. Il peut aussi tirer ou partir en dribble.

A2 peut passer la balle au pivot A5 et jouer sans ballon
(écran sur défenseur de A1). Ainsi se dessine, côté fort, un jeu à 3.

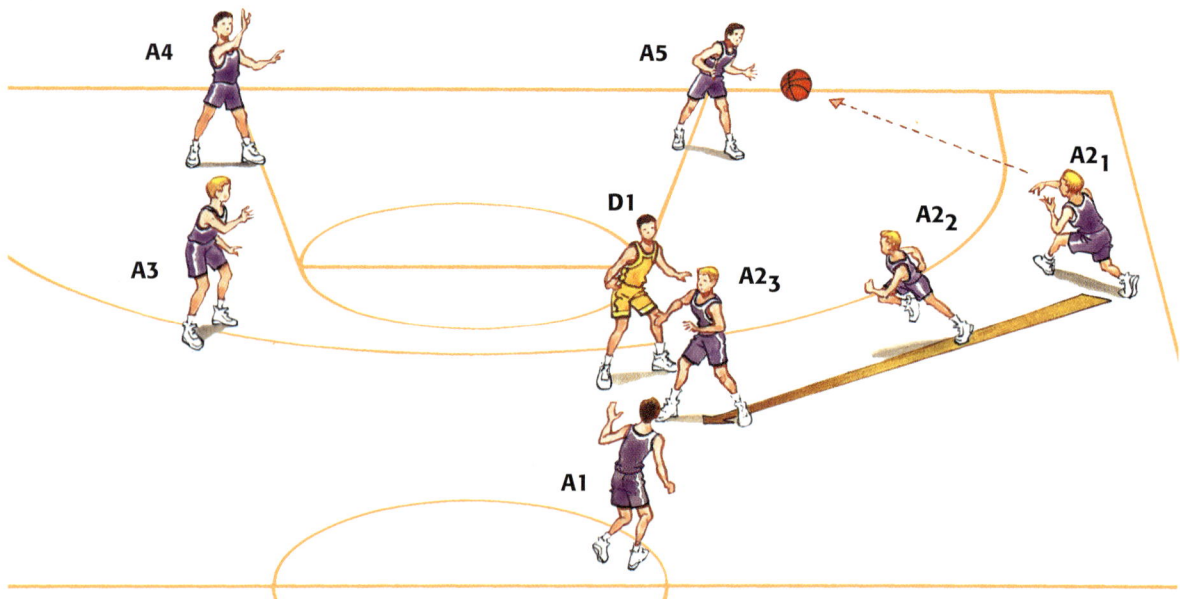

● Pendant ce temps, à l'opposé du ballon (côté faible), il y a des mouvements coordonnés
de A4 et de A3 (écran).

● **À partir d'un dispositif 2-3**

● Si A2 passe à A4, il y a " transfert " du côté d'attaque s'accompagnant de mouvements de joueurs.
Par exemple, A2 après sa passe va porter un écran sur le défenseur de A5, qui se repositionne.

Les différents moments du jeu offensif

La contre-attaque : le jeu rapide

Le jeu réflexe : un peu comme dans tes jeux vidéo, tu dois avoir, au basket, la capacité de réagir très vite dans toutes les phases de l'action. C'est particulièrement vrai pour la contre-attaque. Cela permet à ton équipe de négocier des situations de réussite maximum dans des tentatives de tir près du panier.

Quand ton équipe est en possession de la balle, tu dois t'efforcer, avec tes partenaires, de réaliser un panier facile.

Pour y parvenir, tes coéquipiers et toi devez respecter un certain nombre de règles d'actions collectives.

Il faut impérativement apporter la balle en avant le plus vite possible.

● **Le joueur qui a réussi à prendre la balle doit :**

● regarder vers l'avant pour constater si un joueur de son équipe a anticipé et se trouve seul ;

● envoyer le ballon en le lançant comme une flèche loin devant son partenaire (il faut éviter de dribbler) ;

● courir le plus vite possible (course collective) pour, peut-être, le relayer.

La balle va beaucoup plus vite si elle progresse par passes successives (relayeurs) que si elle est conduite par un seul joueur en dribble.

Voici, schématisée, l'occupation idéale du terrain dans le jeu de contre-attaque.

● **1ᵉʳ cas**
La première passe est courte.

Il faut occuper la plus grande surface du terrain pour obtenir les meilleurs angles de passes.

● La première passe est courte.
● La deuxième passe cherche l'ouverture du jeu par les ailes.
● La troisième passe revient dans l'axe vers un joueur qui se rapproche du panier.

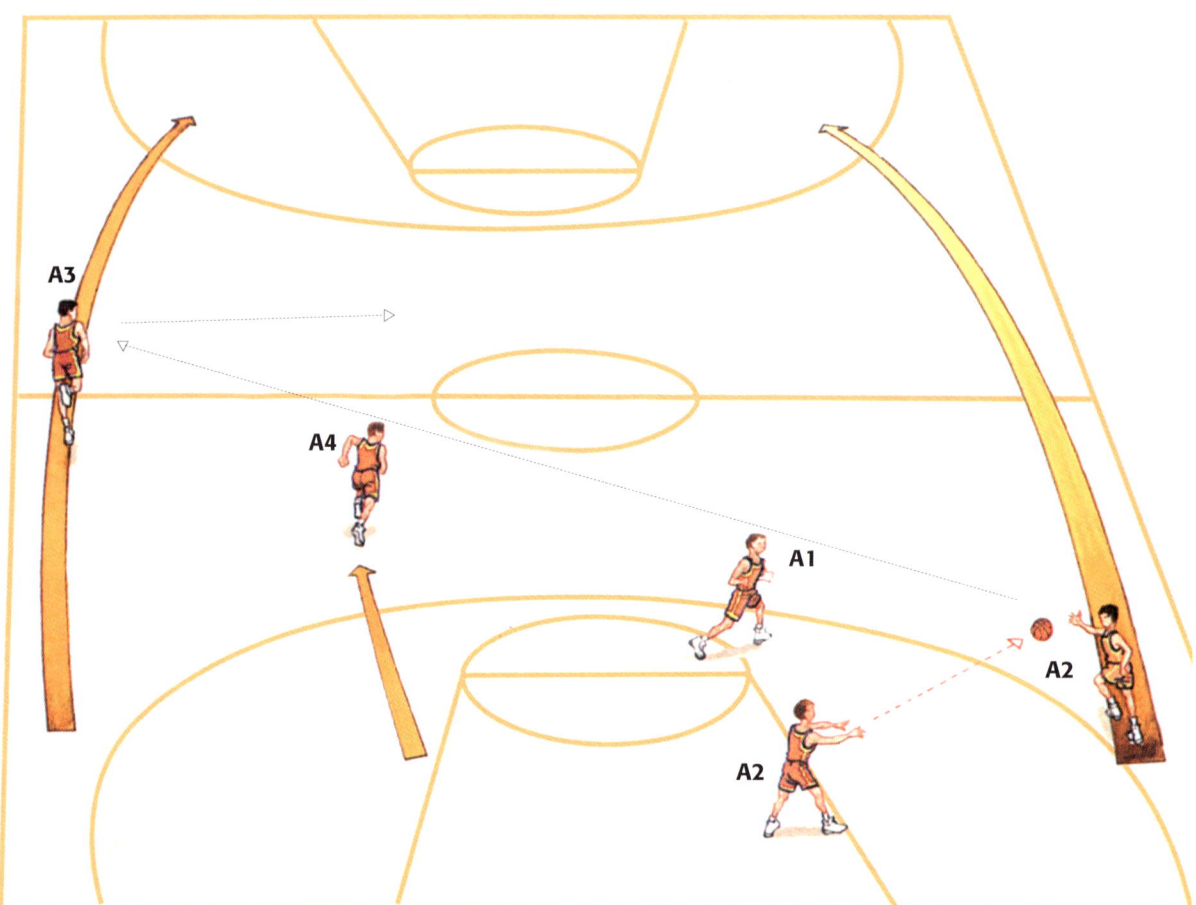

La réussite de la contre-attaque, dans ce cas précis, est liée à différents facteurs :
● la capacité des joueurs à courir très vite et à attraper le ballon en pleine course pour enchaîner un tir de près ;
● la parfaite analyse, pour le joueur porteur du ballon, de la situation des autres joueurs, des risques d'intervention de la défense adverse et de l'action à exécuter ;
● la bonne utilisation des couloirs de pénétration dans le camp adverse ;

● une judicieuse exploitation des surnombres, c'est-à-dire jouer et trouver l'équipier démarqué avant le retour de tous les défenseurs.

Objectif du jeu rapide

Ton équipe recherche la plus grande vitesse de course possible afin de trouver le joueur le mieux placé pour réussir un panier facile.

● **2ᵉ cas**
La première passe est longue.

● Sur remise en jeu, après un panier marqué, derrière la ligne de fond, le joueur effectuant la remise en jeu doit être capable d'envoyer la balle dans la 2ᵉ partie du terrain, avec précision, vers un de ses partenaires en pleine course.

● C'est une action très rapide exigeant une bonne anticipation de la part de ceux qui courent dans les couloirs extérieurs.

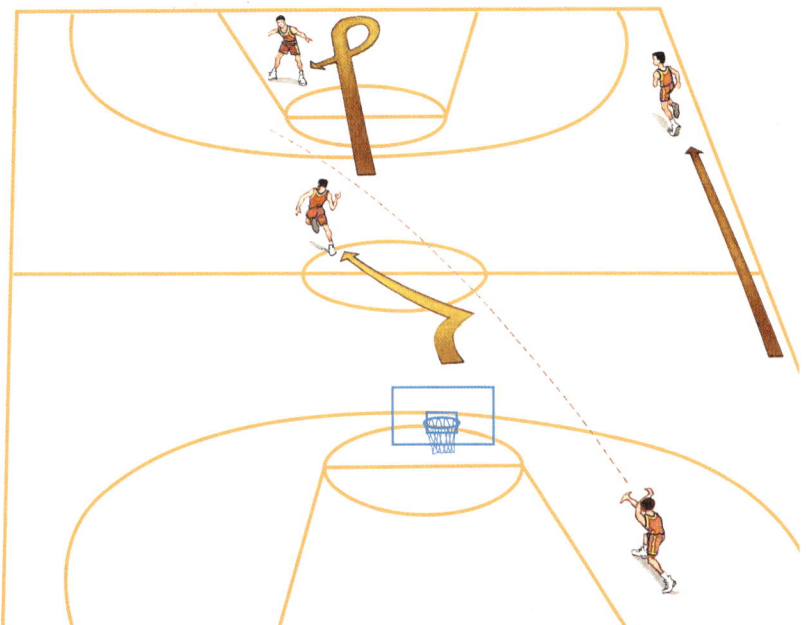

> **Une bonne coordination entre le passeur et le réceptionneur est indispensable. Il faut que la balle soit lancée comme un javelot, avec la vitesse d'une flèche, et qu'elle arrive avec précision sur le partenaire !**

● Le ballon se retrouve à l'aile, sur l'un des deux côtés.

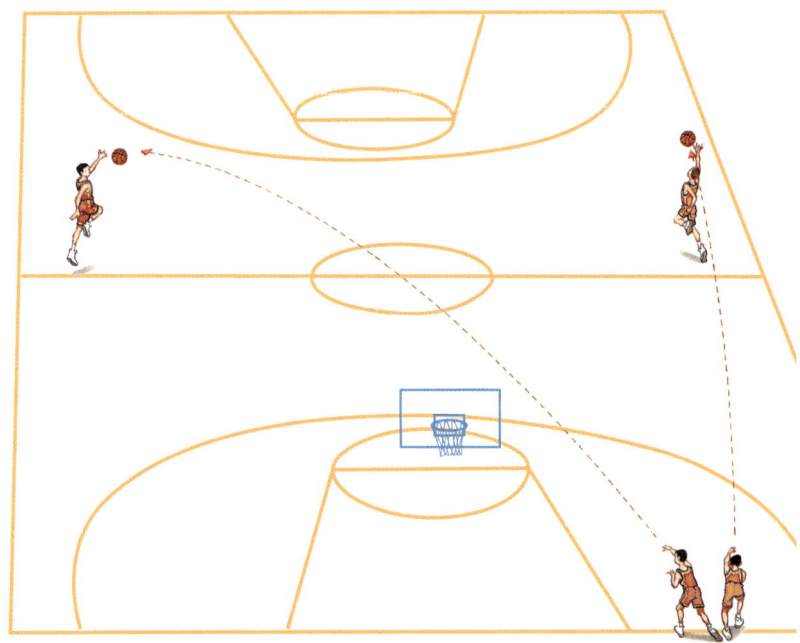

● Les joueurs ont couru et toujours été en mouvement pour appeler le ballon.

● Quand les 5 joueurs attaquants ont gagné le terrain adverse et n'ont pas trouvé de possibilité de tir immédiate, la situation se résume à une confrontation 5 contre 5 : c'est la fin du jeu rapide.

● Mais il arrive que les plus grands joueurs réussissent des paniers extraordinaires en moins de 3 s ! Le basket est aussi un fabuleux jeu de surprises.

L'attaque organisée

L'attaque passe par une bonne occupation des espaces-clés, en privilégiant l'écartement des joueurs (plus le terrain occupé est grand, plus il est facile d'attaquer) et en recherchant des tirs à haut pourcentage de réussite, des tirs dans l'axe panier-panier ou des tirs loin du panier.
Les espaces sont occupés alternativement par des joueurs en mouvement et en position fixe (porteur de balle ou non-porteur).

Le jeu extérieur et le jeu intérieur

● **Jeu intérieur**

● Le jeu intérieur consiste à apporter la balle dans l'espace-clé (1) ou dans les espaces proches de la zone réservée (2, 3, 4).

● **Jeu extérieur**

● Le jeu extérieur exige l'occupation de l'espace extérieur à la zone réservée, en respectant des principes de placements et de déplacements favorables à l'enchaînement des actions offensives.

Les équipes développent
des structures de jeu différentes
en fonction des dispositifs
défensifs.
Exemples des dispositifs
les plus utilisés :

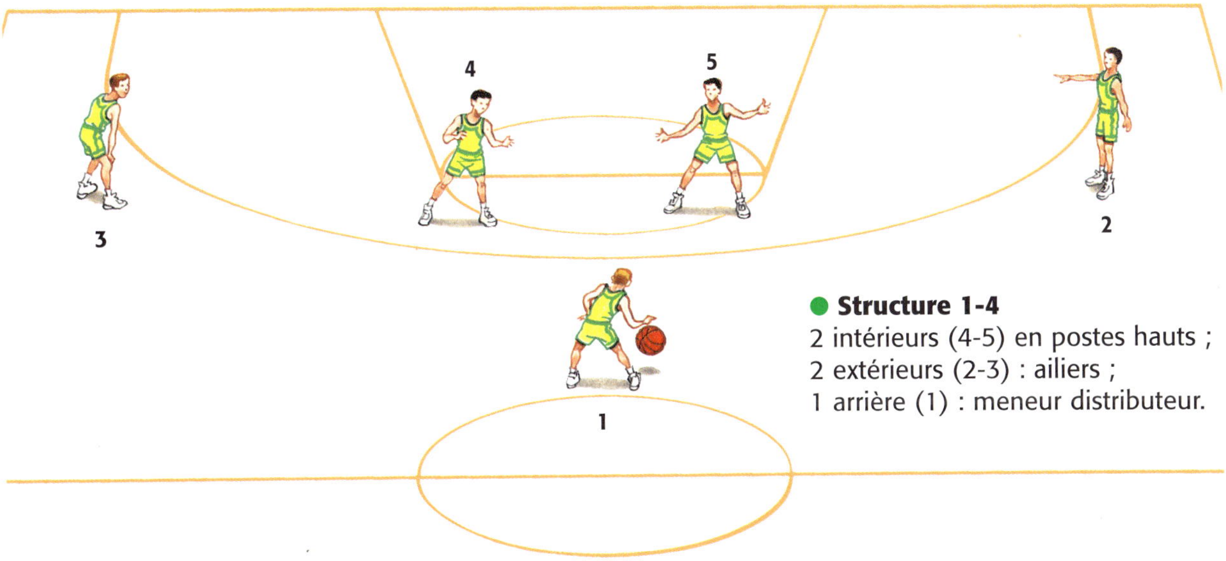

● **Structure 1-4**
2 intérieurs (4-5) en postes hauts ;
2 extérieurs (2-3) : ailiers ;
1 arrière (1) : meneur distributeur.

● **Structure 2-2-1**
1 joueur intérieur (5) ;
2 joueurs ailiers (3-4) ;
2 arrières (1-2).

● **Structure 1-3-1**
1 intérieur haut poste (4) ;
1 intérieur bas : pivot (5) ;
1 meneur (1) : organisateur ;
2 extérieurs : ailiers (2-3).

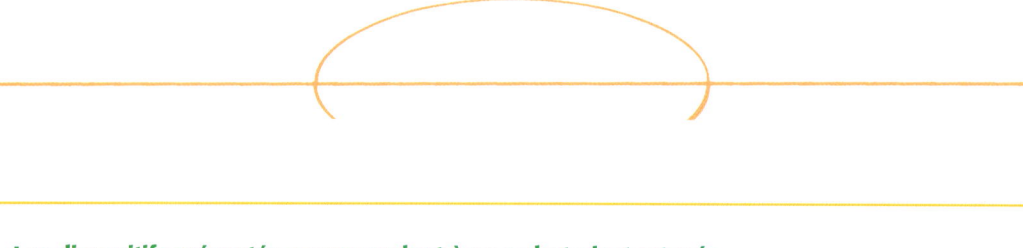

Les dispositifs présentés correspondent à une photo instantanée.
Dans la réalité, la mobilité des joueurs conduit à des transformations continuelles de ces structures,
qui résultent de combinaisons élémentaires.

Pivot bas

Poste haut

Ailier

*Ailier
ou 2ᵉ arrière*

Meneur de jeu

La tactique collective en défense

Quand ton équipe perd le ballon, tu deviens défenseur et les actions personnelles que tu exécutes doivent être coordonnées avec celles de tes camarades.

Selon les circonstances du jeu, ton équipe peut être conduite à appliquer des stratégies défensives différentes :
- elle peut essayer de **reconquérir la balle** en exerçant un pressing tout-terrain ;
- elle peut au contraire **se regrouper** au plus près de son panier.

Sur le plan de l'organisation, les entraîneurs distinguent 2 grands types de défense :

● les défenses dites **homme à homme** (ou « individuelles », mais c'est un terme impropre), où la priorité défensive est donnée à la défense « sur l'homme » ;

● les défenses dites **de zone,** où la défense est davantage centrée sur la protection du panier.

Défense homme à homme
Chaque défenseur contrôle un attaquant.

Défense de zone
Les défenseurs sont placés selon un dispositif 1-2-2. L'attaquant rouge est marqué par le défenseur le plus proche. Les autres joueurs se placent pour couvrir le terrain.

Dans la réalité, les choses ne sont pas aussi tranchées et toutes les actions défensives collectives ont pour but d'assurer :
● **la défense sur le porteur de la balle ;**
● **la couverture du terrain (et notamment l'espace de la raquette) ;**
● **les aides défensives.**

L'organisation de la défense homme à homme

Cette forme de défense consiste à neutraliser son vis-à-vis en gardant dans son propre dos le panier à défendre.

Les qualités physiques et techniques des joueurs ont beaucoup évolué et le placement en défense a imposé d'autres repères par rapport au ballon, aux adversaires et aux partenaires.

La défense avec flottement

La ligne repère est une ligne virtuelle partageant le terrain en longueur, sur un axe de panier à panier.

● De ce côté de l'axe ou ligne de repère, les joueurs adoptent des attitudes dites d'aide et de flottement.

● Les joueurs se trouvant du côté du ballon exercent des attitudes défensives agressives.

**Te souviens-tu des repères dans le chapitre de la technique ? Ballon-adversaire-toi.
Tu dois corriger les positions défensives aux moindres mouvements de l'un ou de l'autre.**

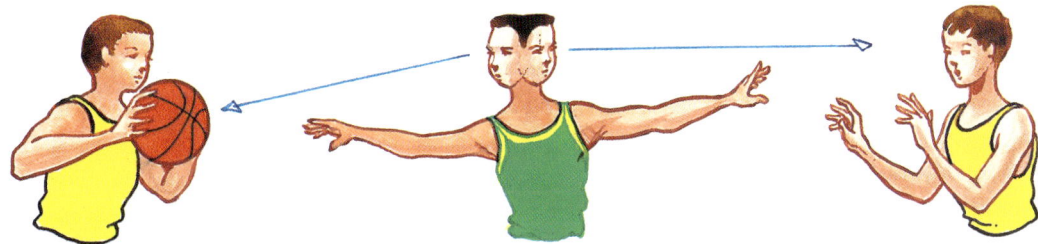

● **Si tu défends du côté opposé,** tu essaies de t'éloigner de ton adversaire direct sans le perdre de vue, comme l'araignée qui tisse sa toile en guise de piège.

● **Si tu défends du côté du ballon,** tu dois te tenir près de ton adversaire direct pour l'empêcher de le recevoir.

L'organisation de la défense de zone demi-terrain

Il existe plusieurs stratégies de défense de zone sur un demi-terrain. Découvre 3 aspects de celle-ci.

● **Dispositif : 2-1-2**

● 1 et 2 sont des joueurs très vifs et rapides qui empêchent les tirs extérieurs et les pénétrations de face.

● 3 et 4 sont des joueurs plus physiques qui dissuadent l'adversaire de pénétrer par le côté.

● 5 est le joueur central qui double toute intervention pour contester toute pénétration.

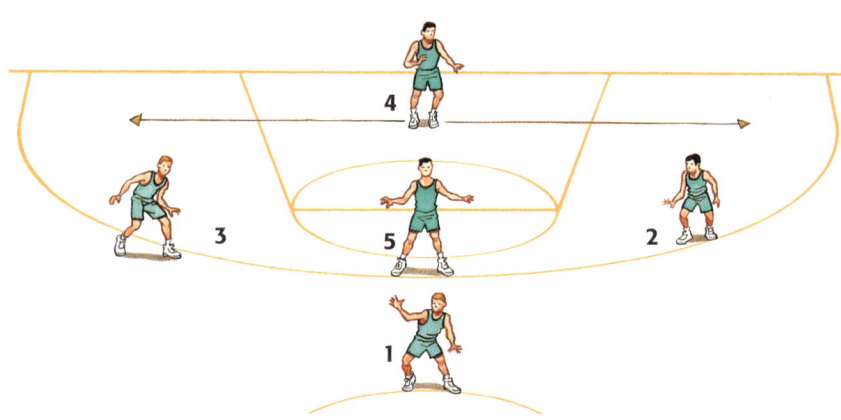

● **Dispositif : 1-3-1**

Le 4 est un très grand défenseur, très rapide, qui évolue dans une zone très vaste le long de la ligne de fond.
C'est une organisation de défense plus conquérante.

● **Dispositif : 1-2-2**

Le joueur n° 3 évolue en fonction du déplacement du ballon, comme un curseur. Plus le ballon descend, plus il recule, pour protéger son panier.

L'organisation de la défense de zone tout-terrain

La défense de zone s'applique aussi sur l'intégralité du terrain.

● **La défense *zone-press* : 2-2-1**
Un exemple de dispositif :

- 2 plus petits très bons défenseurs (1 et 2) ; 2 plus grands (3 et 4) ; le plus grand (5).
- L'objectif est de ralentir l'adversaire dès la remise en jeu, en le provoquant par une mise en place qui ferme l'axe central et qui l'oblige à évoluer par les côtés, où il sera plus facilement piégé (les trappes).

● **La défense de zone : 1-3-1**
Un exemple de dispositif :

- Les plus grands joueurs, 3, 4 et 5 dominent le centre du terrain.
- Les 2 meilleurs défenseurs, 1 et 2, exercent une forte pression sur l'attaque adverse si celle-ci s'aventure sur les ailes.

Les défenses combinées

Ou comment mieux défendre en associant les 2 méthodes, la défense de zone et la défense homme à homme.

● La boîte

● 4 joueurs en position de défense de zone (1, 3, 4, 5) et 1 joueur en défense homme à homme qui vise à interdire toute offensive du joueur vedette de l'équipe adverse et à le dissuader de passer à l'un de ses partenaires bien placé.

Impossible

● Le but est de le couper de son équipe en l'isolant. Ce système est appelé « boîte ».w

● La double boîte ou le triangle et deux

● 3 joueurs en défense de zone (1, 4, 5) et 2 joueurs en défense stricte (2, 3) homme à homme.

● Ce système est appelé « double boîte » ou « triangle et deux ».

Les différents postes de jeu

Il existe dans chaque équipe plusieurs postes de jeu qui exigent des qualités spécifiques.

Selon les circonstances du jeu, ton équipe peut être conduite à appliquer des stratégies défensives différentes :

- elle peut essayer de **reconquérir la balle** en exerçant un pressing tout-terrain ;
- elle peut au contraire **se regrouper** au plus près de son panier.

Les joueurs intérieurs

Le pivot : n° 5

C'est en principe le joueur le plus grand et le plus physique de l'équipe.
Il joue près du panier et dos au panier.
Son rôle est d'être tireur, rebondeur, porteur d'écrans et intimidateur !

Le poste haut : n° 4

Il est grand.
Il joue près du panier et peut s'écarter pour tirer ou passer. Il est également rebondeur.

Les joueurs extérieurs

Le meneur de jeu : n° 1

C'est le régulateur de l'équipe et le lien avec l'entraîneur. Il agit en leader et possède une bonne vision du jeu doublée d'une technique individuelle exceptionnelle. C'est aussi un bon défenseur.

Le 2ᵉ arrière : n° 2

C'est davantage un tireur à longue distance. Il possède le même registre que le meneur de jeu. Il est bon défenseur.

L'ailier : n° 3

Il est assez grand, très véloce.
Il est doté d'une bonne faculté d'anticipation et d'une grande puissance physique.
Il est aussi un bon tireur à courte et longue distance, souvent le meilleur réalisateur de l'équipe.
Bon défenseur, il peut être conduit à marquer des joueurs plus grands que lui, notamment des joueurs intérieurs.

> **Dans le jeu moderne, les joueurs sont de plus en plus mobiles et amenés à changer de poste selon les circonstances de jeu.**

VI

L'école de basket

L'école de basket, c'est l'école de la vie
où le travail, le sérieux, l'application
et la concentration sont
les éléments essentiels
de la réussite

Jouer pour progresser

Pour réaliser ton rêve et devenir un(e) grand(e) basketteur(se), il faut nécessairement que tu t'entraînes, que tu t'exerces, seul ou avec des ami(e)s, dans ton club ou à l'école.

Le basket est un sport passionnant que l'on apprend en jouant !

Nous te proposons plusieurs séries d'exercices facilement réalisables, avec ou sans opposition, qui te permettront de mieux maîtriser les situations de jeu que tu trouveras en compétition.
Les exercices sont classés par catégorie d'âge et, selon ton niveau, tu pourras choisir ceux qui te conviennent.

Quel que soit ton niveau, les situations proposées sont évolutives. Répète de nombreuses fois ces gestes techniques et n'hésite pas à te tester pour évaluer tes progrès.

- **Ier niveau : 5 ans-8 ans du baby-basket au mini-basket ;**
- **2e niveau : 8 ans-12 ans du mini-basket au jeu des benjamins ;**
- **3e niveau : 12 ans-14 ans et au-delà, du jeu des benjamins au jeu des minimes et des cadets.**

Mais avant toute chose, apprends à connaître ta catégorie :

Ton âge	Ta catégorie
5 ans	Baby-basket
6 ans	Baby-basket
7 ans	Mini-basket
8 ans	Mini-basket
9 ans	Poussin
10 ans	Poussin
11 ans	Benjamin
12 ans	Benjamin
13 ans	Minime
14 ans	Minime
15 ans	Cadet
16 ans	Cadet
17 ans	Cadet

Du baby-basket au mini-basket

Le baby-basket

C'est un jeu qui s'adresse aux tout jeunes, âgés de 5 à 7 ans, et qui propose un règlement adapté à leur âge et à leur taille.

L'aire de jeu et le matériel

Les dimensions du terrain sont variables et le sol peut présenter divers aspects : sable dur, gazon, asphalte. Deux parties peuvent être organisées simultanément sur un terrain d'adultes.
Le support du panier représente toujours le point central de l'aire de jeu. Il est le centre d'une zone interdite, cercle de 60 cm de rayon.
Il est également le centre d'un cercle de 4 m de rayon qui sera matérialisé soit par des repères adhésifs sur parquet, soit par un poudrage sur le gazon, soit par un trait dans le sable.

Le panier, léger, sans danger, comprend un anneau et un filet.
L'anneau en plastique a un diamètre intérieur de 45 cm.
Un filet est accroché à l'anneau dans un rail prévu à cet effet.
Le panier est monté sur un support (socle et manchon) et peut être placé à une hauteur variable, grâce au tube télescopique. Cette hauteur est celle de la taille bras levé du 3ᵉ joueur par ordre décroissant, quel que soit le nombre des joueurs (6 ou 8).
Le socle doit être lesté avec du gravier, du sable ou de l'eau.

Il existe un ballon officiel de baby-basket, qui pèse 300 g et mesure 20 cm de diamètre. Le ballon de mini-basket peut être utilisé, ainsi que des ballons de plage.

Les 11 commandements du jeune baby-basketteur

Ou ce qu'il faut faire et ne pas faire sur le terrain.

Quand un joueur est en possession du ballon, il a 3 possibilités d'action : **pivoter, tirer au panier** ou **passer à un partenaire**. Le baby-basket est un jeu sans contacts violents.

1● Pour se déplacer, un joueur ne doit pas courir avec le ballon, mais dribbler avec une main (faire rebondir le ballon au sol).

2● Un joueur ayant terminé un dribble ne doit pas en recommencer un nouveau.

3● Avant de dribbler, ou après, un joueur a le droit de pivoter. Pivoter, c'est déplacer un pied dans différentes directions, l'autre restant en contact avec le sol.

5● Un joueur ne doit pas intervenir sur le ballon lors de la phase descendante d'un tir, sauf s'il est visible qu'il ne va pas pénétrer dans le panier. Dans le cas de cette infraction, le panier est accordé à l'équipe du tireur.

4● Un joueur ne doit pas accrocher, ceinturer, pousser, bousculer un adversaire, mais se maîtriser et être fair-play.

6● Un joueur ne doit pas stationner dans la zone interdite de 60 cm de rayon. Tout passage accidentel dans cette zone est négligé.

7● Lors d'un tir ou d'une tentative de récupération, un joueur ne peut prendre appel dans la zone interdite. Un joueur qui défend ne peut se tenir dans la zone interdite.

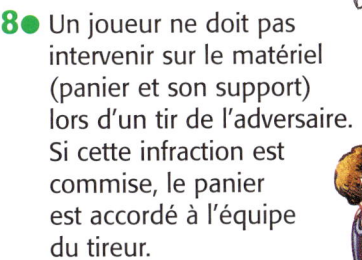

8● Un joueur ne doit pas intervenir sur le matériel (panier et son support) lors d'un tir de l'adversaire. Si cette infraction est commise, le panier est accordé à l'équipe du tireur.

9● Un joueur qui « smashe » (tir à 1 main ou à 2 mains au-dessus de l'anneau) ne doit pas s'accrocher à l'anneau sous peine d'annulation du panier marqué et perte de possession de la balle pour son équipe.

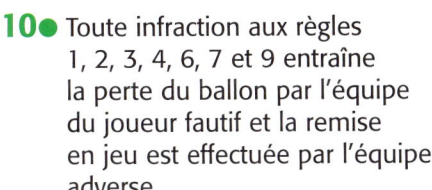

10● Toute infraction aux règles 1, 2, 3, 4, 6, 7 et 9 entraîne la perte du ballon par l'équipe du joueur fautif et la remise en jeu est effectuée par l'équipe adverse.

11● Toute faute grave par manquement au respect de la règle 4 des interdictions entraîne en outre l'exclusion du joueur fautif jusqu'au prochain panier réussi.

Des vainqueurs et des vaincus

N'oublie jamais que le résultat de ces petites confrontations n'est pas primordial. L'important est de bien s'amuser et d'apprendre le basket par le jeu.
Il faut néanmoins désigner l'équipe victorieuse : c'est celle qui atteint la première le nombre de points convenus à l'avance (par exemple 20, 30, 50 points).
Dans certains cas, on peut fixer une durée maximale de jeu (par exemple, 10 mn, 15 mn). En cas de match nul, l'équipe qui aura marqué le premier panier, après le temps écoulé l'emportera.

Le smash compte pour 3 points.

● Chaque tir réussi par un joueur placé dans la zone en couronne située entre la ligne des 4 m et la zone interdite qui est sous le panier, compte pour 2 points. Le smash compte 3 points.
● Chaque tir réussi au-delà de la ligne des 4 m compte pour 3 points.

Les exercices

Ou comment t'amuser et prendre plaisir à t'exercer tout seul, ou avec des copains.

Ton ballon et toi

Lieu : un terrain plat, une cour ou une petite place.
Matériel : un ballon, de la craie, des objets ou des quilles.
Toutes les occasions de jouer avec ton ballon sont bonnes et, avec un peu d'espace, tu peux créer ton terrain de jeu.

Les dribbles

● **Le circuit auto**
Comme un pilote, dessine un circuit, un parcours dans lequel tu vas évoluer en dribblant, et chaque fois que tu changes de direction, change de main : virages en dribblant de la main gauche ou de la main droite. Varie les vitesses.

● **L'Orient-Express**
Avec précision, suis les rails d'un circuit que tu traces de plus en plus difficile. C'est le train de l'exploit.

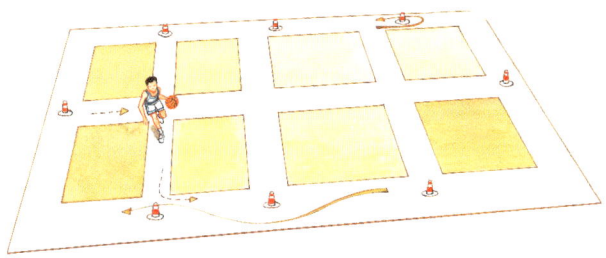

● **Le petit Paris : trafic intense**

Tu peux maintenant dessiner un circuit où tu vas
être capable de changer de main, de changer
de direction, de stopper, de partir très vite et
de ne jamais arrêter ton dribble, quel que soit
l'obstacle. Tu ne dois pas regarder le ballon,
mais lever la tête.

Les passes

● **Les flocons de neige**

En traçant 3 cercles,
tu vas t'exercer à des jeux
d'adresse et de précision.

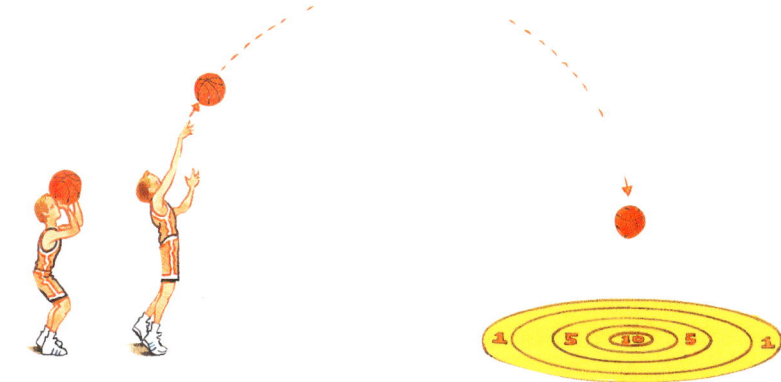

● **Le parachutiste**

Essaie d'envoyer ton ballon
en hauteur de façon qu'il
retombe comme un parachutiste
dans le cercle… Tu peux dessiner
la zone d'atterrissage avec
plus de précision et compter
des points.

● **Les fléchettes**

Lance la balle
le plus fort possible
en essayant de
la faire rebondir très haut.

● **Le bowling-basket**

Positionne-toi face à des zones dessinées sur le sol, des jouets ou des quilles à faire tomber.

Lance la balle dans les différentes zones, à plusieurs distances.

À 1 main : main gauche et main droite.

À 2 mains.

● **Comment fais-tu ?**

Passe en cloche.   *Passe en force directe.*

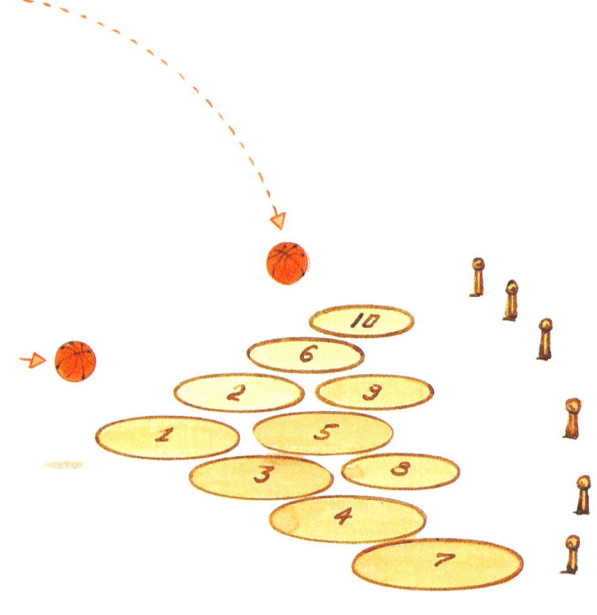

● **Le golf-basket**

Dessine un parcours parsemé d'obstacles et crée des zones numérotées.

Déplace-toi en dribblant et lance la balle à l'intérieur des différentes zones (1 à 6). Tu dois récupérer la balle dès qu'elle a rebondi et enchaîner sur une autre zone.

Invente des parcours de plus en plus longs, à réaliser toujours plus vite.

Un mur, ton ballon et toi

Les passes

Tu peux imaginer une multitude de jeux d'adresse grâce au mur, ton ami qui te renvoie la balle. Exerce-toi à passer la balle, de plus en plus fort et de plus en plus loin du mur, à 2 mains et à une seule main, main droite, main gauche.

Évolue en dribblant sur un parcours dessiné au sol, sans quitter des yeux un repère sur le mur. À la sortie du parcours, lance le ballon sur le repère, puis récupère-le et recommence en modifiant le parcours.
Exerces toi… à récupérer

Un panier, un ballon et toi

Les tirs

Tu as fabriqué avec ton papa ton panier de basket. Tu peux l'installer quand tu veux, où tu veux. Quel avantage pour toi, car le basket est un sport d'adresse qui demande beaucoup d'entraînement aux tirs !

● **Le grand M**

Trace un parcours de slalom, en zigzag. Essaie de dribbler en respectant le parcours, sans t'arrêter, en te rapprochant de la cible. Tu dois réussir ce parcours de la main droite, puis de l'autre côté, de la main gauche. Tu peux aussi smasher.

Un panier accroché au mur, ton ballon et toi

Tu jubiles, les copains du quartier sont de plus en plus
nombreux à vouloir t'imiter. C'est l'occasion
d'organiser un concours d'adresse.

Les tirs

● **La géographie**

Les grandes villes de France sont représentées par les numéros
de 1 à 10 et les 5 continents par les lettres A B C D E.
Organise un tour de France ou un tour du monde, où chaque
panier réussi est comptabilisé dans un résultat final.
Et à toi de montrer ton savoir-faire à tes copains !

● **La vitesse sans précipitation**

Organise à nouveau un petit
concours dont le vainqueur aura
marqué le plus de paniers dans
un temps imparti (3 mn)
en respectant bien le parcours
tracé.
Tirs en course obligatoires, main
droite et main gauche en alternance.

● **Tu grandis**

Après un parcours en dribble,
apprends à tirer en suspension :
appel 2 pieds en t'élevant le plus
haut possible et en visant le carré
noir.
Tu dois tirer en sautant le plus
haut possible.

● **Tu rebondis**
1● Lance la balle contre le mur.
2● La balle retombe vers le sol.
3● À l'endroit où elle va tomber, essaie de la reprendre et de tirer au panier en poussant sur tes 2 jambes en même temps.

Ton ballon, tes ami(e)s et toi

Tu vas pouvoir monter des circuits encore plus complexes.

Les dribbles

● **L'île au trésor**
Cours le plus vite possible en essayant d'arriver le premier au trésor : les ballons posés au milieu ; chacun doit récupérer un ballon le plus rapidement possible et revenir, en dribblant, à son point de départ.

● **Le slalom géant**
C'est un concours de vitesse en dribble.
À chaque passage de porte, le changement de main est obligatoire.

● **Le chat et la souris**
Jeu de poursuite en dribble entre le chat (toi) et la souris (un copain). Quelques obstacles bien placés peuvent compliquer les choses.

● **Le rusé renard**

Jeu d'opposition : maintenant que tu sais courir en dribblant
et être rusé comme un renard, tu es capable de conserver longtemps
ton ballon en empêchant ton ami de te le prendre.

Les passes

● **Les anneaux olympiques**

Face à face avec un ami, lancez
le ballon en hauteur, à 2 mains.
Il doit retomber dans l'un des
anneaux olympiques numérotés
de 1 à 5.

● **La pendule**

Passe le ballon à ton partenaire situé
à 1 h et va marquer 2 h en courant.
Ton partenaire dribble jusqu'au
centre de la pendule, te passe
le ballon, puis rejoint 3 h.
Et ainsi de suite…
C'est le « passe et va ».

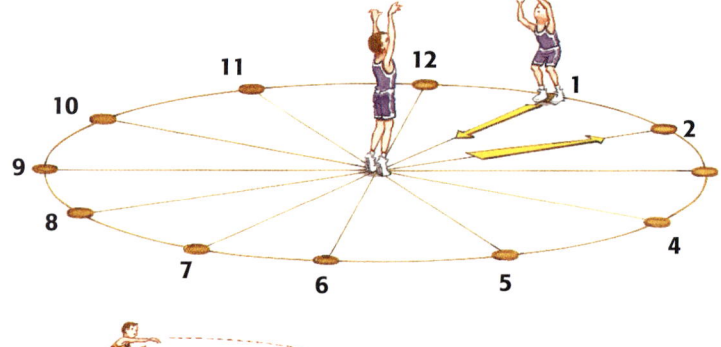

● **Les planètes**

Passe et remplace l'habitant
de la planète voisine.
C'est le « passe et suit ».

● **Le voleur**

Adressez-vous, un camarade et toi, le ballon en passes précises.
Le porteur du ballon ne peut se déplacer qu'en dribblant.
Mais le voleur rôde et peut s'emparer du ballon pour devenir joueur.
Celui qui l'a perdu devient voleur !

Ton ballon, tes ami(e)s, un mur et toi

Les passes et tirs

● **L'imitateur**

Essaie de toucher tous les cercles tracés sur le mur, en lançant le ballon avec les 2 mains, selon l'ordre que tu as choisi.
En moins de temps que toi, ton partenaire doit réussir exactement le même exercice.

● **Toujours plus**

Vous devez lancer le ballon à 2 mains, toujours plus haut et toujours plus fort et courir toujours plus vite pour le récupérer, sans qu'il retombe au sol après avoir touché l'une des cibles.

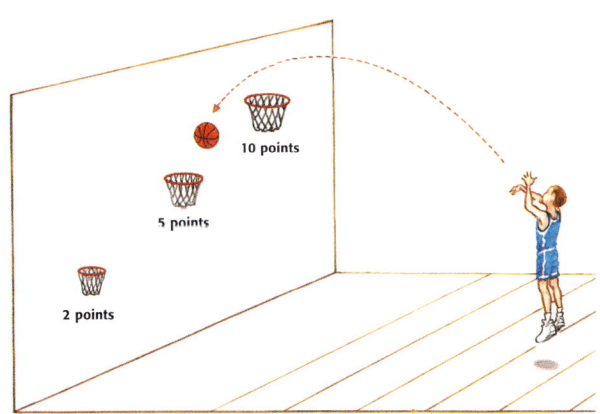

● **Les 3 cercles**

Le grand cercle vaut 2 points, le cercle moyen vaut 5 points, le petit cercle vaut 10 points.
On rajoute des points de bonus à chaque fois que l'on recule d'une ligne.
À vous de jouer !

● **Le défi**

Essaie de marquer un panier que tu as dessiné sur le mur malgré l'opposition d'un camarade.
Le premier qui a réussi 3 tirs a remporté le défi.

Tests

Avant de passer dans la catégorie supérieure, voici une petite série de tests pour apprécier tes progrès et connaître ton niveau.

● **1ʳᵉ épreuve**
● Tu réalises 2 tirs à chaque endroit. Attention, le tir à 1 m vaut 1 point et celui à 4 m, 5 points.

● **2ᵉ épreuve**
● Tu tentes 5 smashes. 2 points par smash réussi.

● **3ᵉ épreuve**
● Dans le temps imparti de 30 s, tu dois tirer de l'extérieur de la zone, aller chercher le ballon et recommencer. Chaque panier réussi vaut 3 points.

● **4ᵉ épreuve**
● Tu disposes de 6 ballons et peux tenter, selon ton envie, des paniers de l'extérieur de la zone ou des smashes : 2 points par panier réussi et 3 points par smash réussi.

Du mini-basket au jeu des benjamins

Le mini-basket, c'est... géant, et c'est un nouveau pas vers le basket des grands.

Le mini-basket

Tu peux débuter le basket à 6 ans !
● **Si tu as 7 ou 8 ans,** tu es mini-poussin ou mini-poussine. Tu joues avec un ballon et marques des paniers.
● **Si tu as 9 ou 10 ans,** tu es poussin ou poussine. Tu joues en équipe en 3 contre 3 ou en 5 contre 5.
● **Si tu as 11 ou 12 ans,** tu es benjamin ou benjamine. Tu disputes des matchs avec ton équipe. Tu respectes les règles du jeu, l'arbitre et ton adversaire.

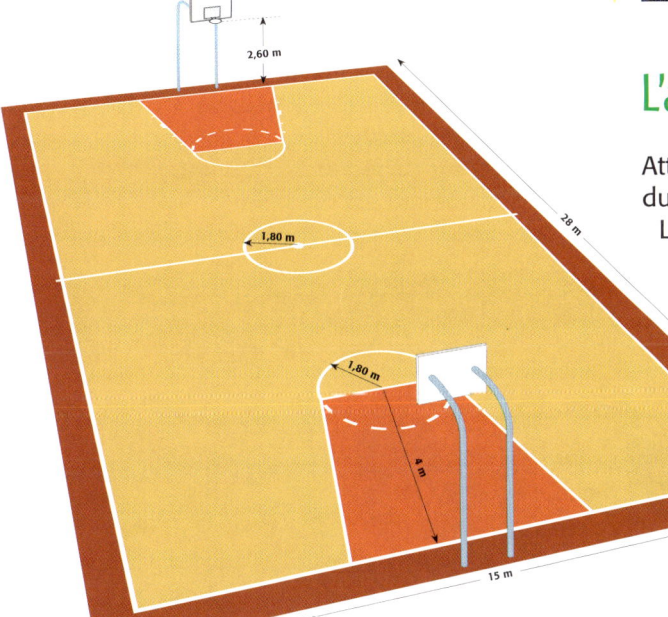

L'aire de jeu du mini-basket

Attention, la ligne de lancer franc est tracée à 4 m du panneau.
La ligne de tir à 3 points n'est pas utilisée.
En 3 contre 3, il est possible de disputer des rencontres sur un terrain réduit (15 m x15m).

Le ballon

De taille N°5, il est plus petit que le ballon pour adultes, son poids peut varier de 450 à 500 g.

Le panier

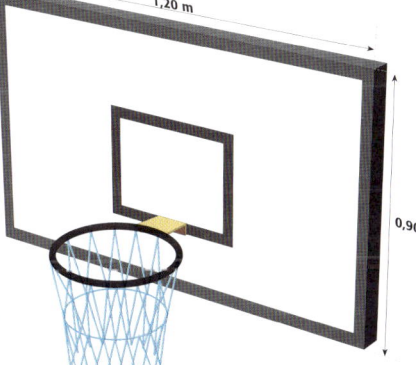

Il culmine à 2,60 m du sol.

Les règles du mini-basket (5 contre 5)

Le nombre de joueurs présents sur le terrain peut varier.
Il faut un minimum de 7 joueurs par équipe et un maximum de 10.

Les équipes puevent être mixtes.
La partie se déroule en 2 mi-temps de 12 mn, elles-mêmes divisées en 2 périodes de 6 mn. Toutes les périodes commencent par un entre-deux. les équipes changent de camp à la mi-temps.

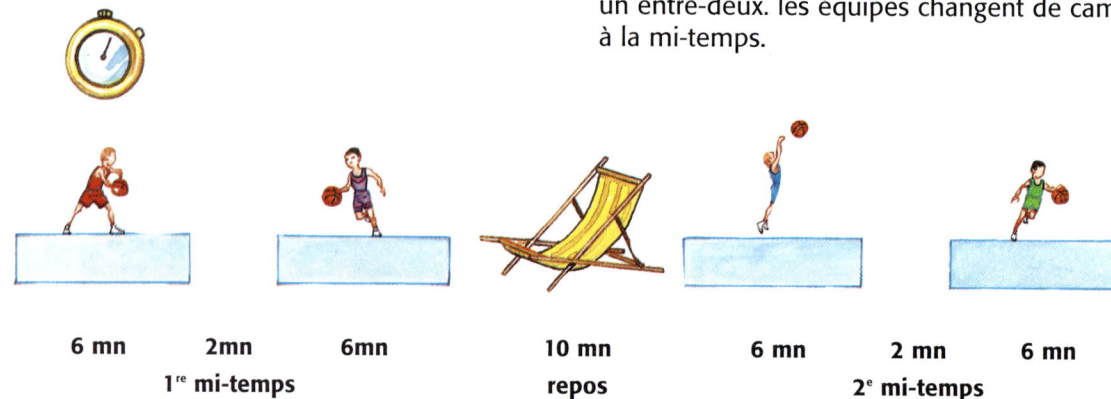

6 mn	**2mn**	**6mn**	**10 mn**	**6 mn**	**2 mn**	**6 mn**
	1re mi-temps		repos		2e mi-temps	

● Tu dois jouer le ballon avec les mains, dans les limites du terrain.
● Tu marques des points en lançant le ballon dans le panier de l'adversaire.
● Tu peux courir en faisant rebondir le ballon d'une seule main.
● Si ton équipe contrôle le ballon dans la zone avant, tu ne dois pas le rapporter dans la zone arrière (la ligne médiane fait partie de la zone arrière).

● Tu n'as pas le droit de pousser, bousculer ou tirer l'adversaire.
● Tu ne peux pas rester plus de 3 s dans la zone restrictive.
● Les arrêts de jeu sont décomptés.
● Le match nul est possible.

Les exercices

Les dribbles

● **Le papillon**
Fais rebondir le ballon dans chacune
des zones 1, 2, 3, 4 en changeant
tout le temps de main.
Ta tête est droite, garde bien ton équilibre.

● **Le plateau tournant**
Tes pieds doivent conserver un mouvement
permanent (plateau brûlant).
Continue à dribbler dans toutes les zones.
Puis réalise le même exercice avec 2 ballons
en même temps.

● **La partition**

1● De part et d'autre
de la ligne, ton ballon
laisse des traces au sol,
comme des notes
de musique sur
une partition.
Change de main.

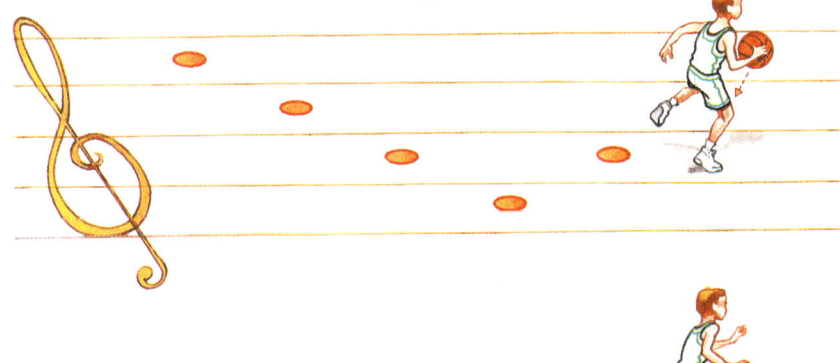

2● Le ballon va d'une ligne à l'autre.
C'est le grand balancier de l'équilibriste.

3● Petit pont entre les jambes.

● La route de montagne
À chaque virage, change de main, main gauche et main droite. Dribble en progressant, en avant ou en arrière.

● L'étoile à 4 branches
Pars du coin A et rejoins en dribble la plaque tournante. Change de main, rejoins le coin B, et ainsi de suite. Termine par un dribble vers le panier, suivi d'un tir.

● Le chat et la souris
Un joueur rouge court en dribblant sans sortir des limites du terrain et sans interrompre son dribble.
Essaie de l'arrêter et de lui prendre la balle sans le bousculer.
Tu es rusé, dirige-le dans les coins du terrain.
S'il arrête de dribbler, tu as gagné.

● Comme ton ombre
Un camarade te suit en réalisant les mêmes dribbles que toi, en même temps. Ensuite, inversez les rôles.

Les dribbles + tirs en course

● Le tour de raquette
1● Dribble autour de la raquette, puis tire de la main droite.
2● Même parcours dans l'autre sens, mais tire de la main gauche.

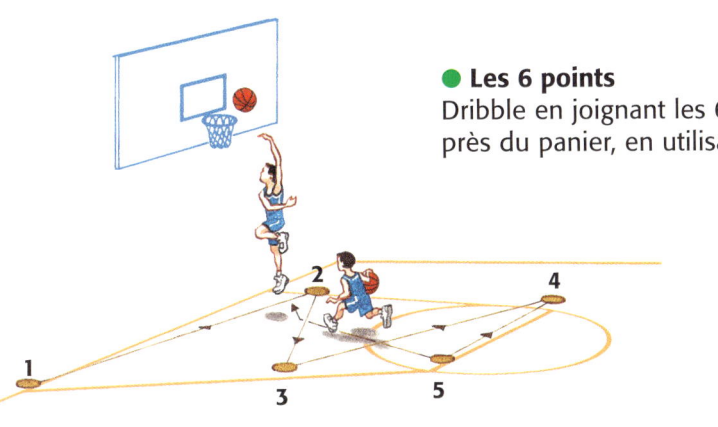

● Les 6 points
Dribble en joignant les 6 points, puis tire près du panier, en utilisant la planche.

● Les lunettes
Voici une série d'enchaînements, courses, dribbles, tirs rebonds puis courses. Tu dois toujours regarder devant toi et ne jamais perdre de vue le panier qui te fait face

Les tirs

● Quitte ou double
Dans un premier temps, exerce-toi à tirer à 1 ou 2 mains. Puis complique l'exercice : tire, mais le ballon ne doit jamais retomber sur le sol. Tire et suis pour récupérer.

Si tu rattrapes la balle avant le rebond, tu peux tirer une deuxième fois. Tu ne peux passer au numéro suivant que si tu as rempli ton contrat.

● **La grande échelle**
De plus en plus fort, de plus en plus loin.

Les enchaînements à plusieurs

● **Le slalom spécial**

● **Avec ou sans la planche**
1● Tente des paniers en tirs tendus (bleus) en utilisant la planche.
2● Tire en cloche (rouge) en essayant de faire tomber directement le ballon dans le cercle.

1● Slalome en dribble.
2● Passe la balle à un copain et cours vers le panier.

3● Ton copain renvoie la balle.
4● Reçois-la en mouvement et tente un tir en course. À chacun son tour.

● **Le slalom parallèle**
Le plus rapide a gagné, une fois à gauche et une fois à droite.

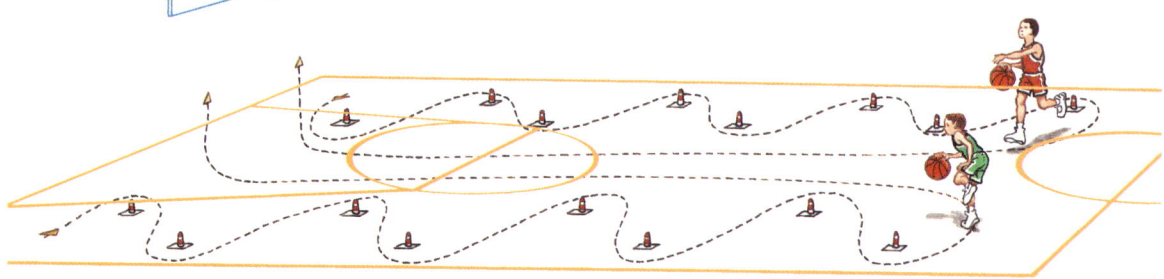

● **Les tirs relais**

Tire et suis ton ballon ; récupère et passe
à ton copain, qui fait la même
chose que toi de l'autre côté.
Si tu réussis, change
de position.

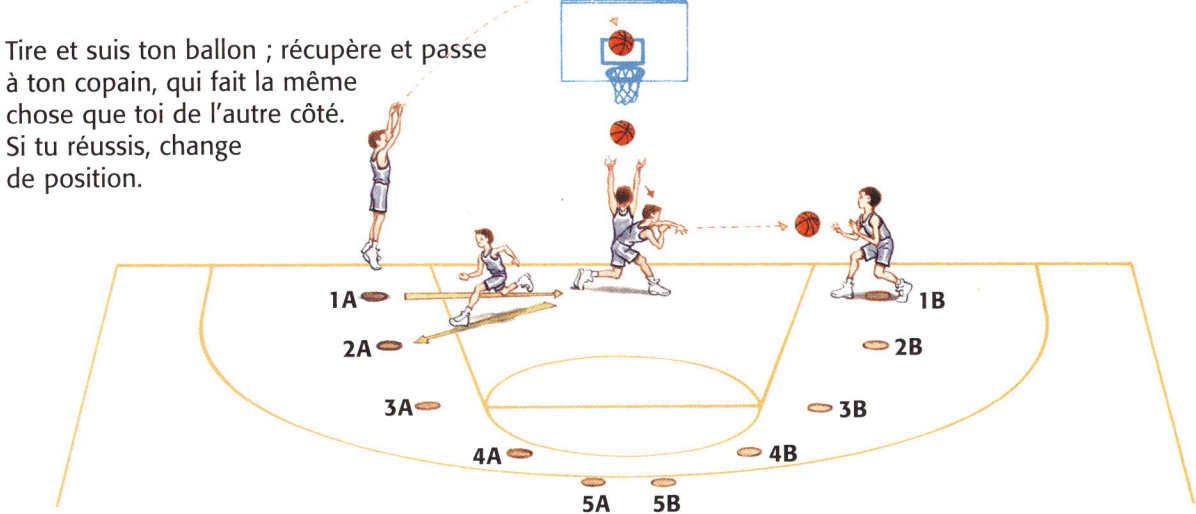

● **Vitesse-adresse**

Départ et course en dribble, puis relais
avec les passeurs P1, P2, tir en course,
retour et nouveaux relais avec
les passeurs P3 et P4.

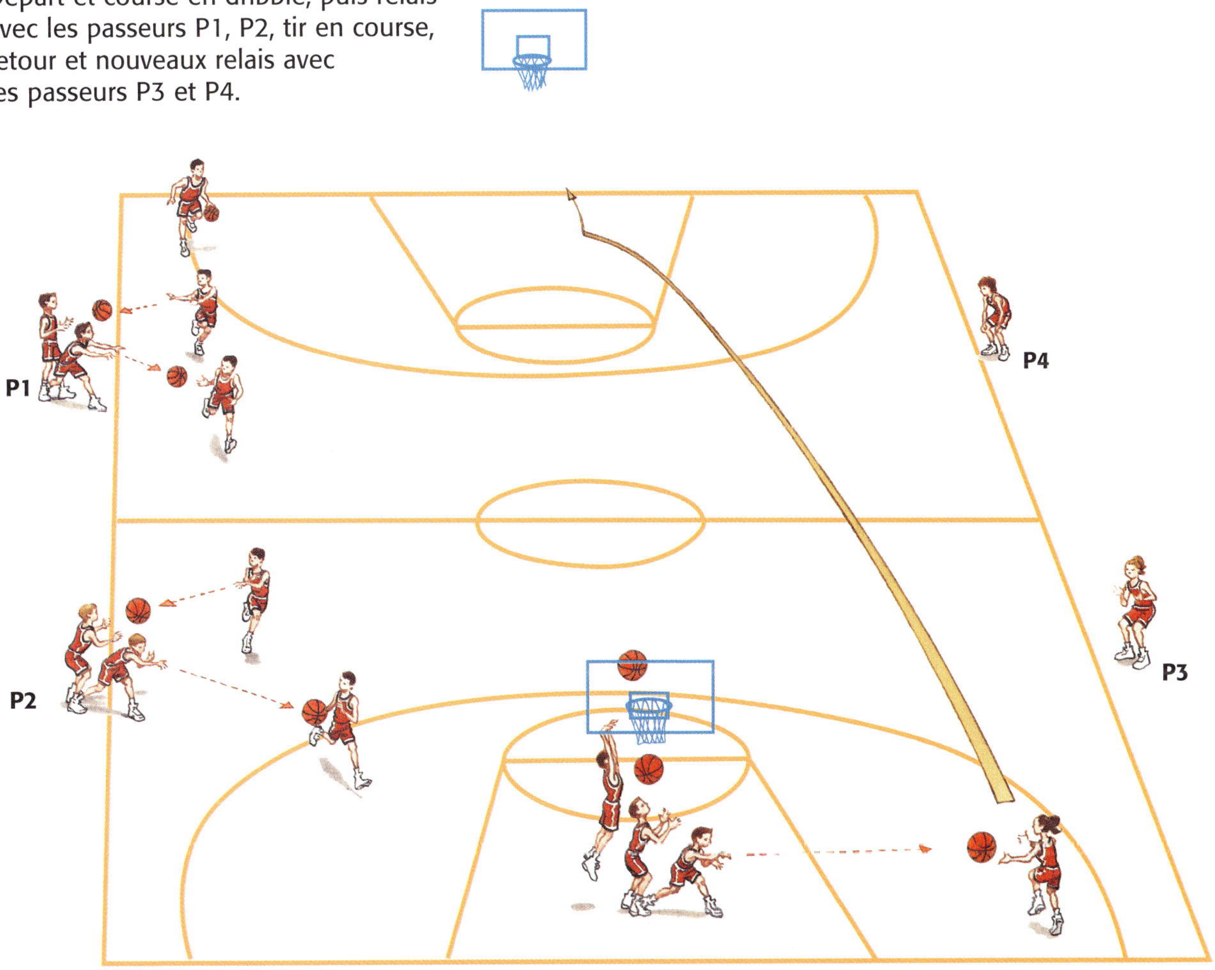

● **Le couloir**

Dans un espace réduit, un duel t'oppose à ton copain. Tu dois faire preuve de vigilance pour défendre ton panier et d'adresse pour marquer dans le panier de ton adversaire. Choisissez un score à atteindre.

B2　B1
C2　C1

● **Entre-deux**

A lance le ballon dans le rond central. B et C essaient de s'en emparer ; celui qui réussit dribble vers le panier adverse et tente un tir.

A

● **2 contre 2**

Petit match où dribbles et passes doivent permettre à l'une des 2 équipes de s'approcher du panier adverse et de marquer.

● **2 contre 1**

A essaie de s'interposer aux attaques de ses 2 adversaires. S'il réussit à intercepter, il remplace l'un des 2 attaquants.

● Monsieur Plus

L'équipe rouge commence par attaquer avec
la complicité de monsieur Plus. L'équipe bleue
essaie d'intercepter. Si elle réussit, monsieur Plus
se joint à elle.
Ce monsieur Plus est toujours attaquant !

● La garde royale

Pour bien apprendre à se démarquer et à se
débarrasser de son défenseur, l'entraîneur a placé
sur les bords de touche 4 joueurs (bleus)
supplémentaires, qui servent de relais et offrent
de nombreuses autres possibilités.

● Devant-derrière

3 attaquants (en rouge) sont confrontés
à des équipes de 2 joueurs défendant chacune
son panier.
Dès qu'un défenseur intercepte ou récupère
le ballon, il remplace le fautif et devient
à son tour attaquant.

● **Les petits matchs**

En fin de séance d'entraînement, c'est l'heure des confrontations en situation réelle, soit sur un demi-terrain à 3 contre 3, soit sur le terrain complet à 5 contre 5.

Tests Voici une série de tests officiels pour apprécier ton niveau de basket.

1 ● Tirs

● **1ʳᵉ partie :** départ du sommet du couloir des lancers francs, tir lancé du côté droit (ou gauche), retour en dribblant vers le haut du couloir des lancers francs. Toucher du pied la ligne courbe et recommencer.
Durée de l'exercice : 30 s.

● **2ᵉ partie :** lancers francs : 5 tentatives.

2 ● Vitesse de déplacement

● Sprinter de la ligne des lancers francs vers la ligne de fond. Revenir en course arrière vers la ligne des lancers francs.
Durée de l'exercice : 30 s.

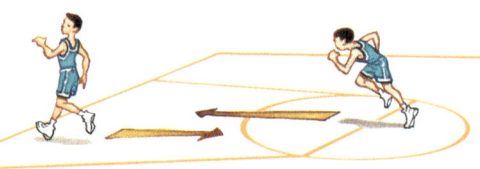

3 ● Dextérité

● Jongler avec la balle en la passant derrière le dos, lancer par-dessus l'épaule opposée, rattraper main opposée et recommencer à l'inverse.
Durée : 1 mn.
Compter le nombre de lancers.

4 ● Dribble

● Dribbler le plus rapidement possible autour de 3 cônes espacés de 3 m. Changer de main à chaque cône. Faire le retour de la même manière jusqu'à la ligne de départ.

● **Tu es :**

● **Ballon de bronze,** si tu réussis :
à la 1ʳᵉ épreuve : 3 tirs, 2 lancers francs sur 5 ;
à la 2ᵉ épreuve : 7 déplacements ;
à la 3ᵉ épreuve : 7 combinaisons lancer-attraper ;
à la 4ᵉ épreuve : 12 s.

● **Ballon d'or,** si tu réussis :
à la 1ʳᵉ épreuve : 7 tirs, dont 3 de la mauvaise main, 4 lancers francs sur 5 ;
à la 2ᵉ épreuve : 13 déplacements ;
à la 4ᵉ épreuve : 13 combinaisons lancer-attraper ;
à la 4ᵉ épreuve : 5 s.

● **Ballon d'argent,** si tu réussis :
à la 1ʳᵉ épreuve : 5 tirs, 3 lancers francs sur 5 ;
à la 2ᵉ épreuve : : 10 déplacements ;
à la 3ᵉ épreuve : 10 combinaisons lancer-attraper ;
à la 4ᵉ épreuve : 10 s.

Du jeu des benjamins à celui des minimes et des cadets (de 12 à 14 ans et au-delà)

C'est l'âge où tu peux te perfectionner à l'aide d'exercices d'entraînement beaucoup plus techniques :

- des exercices de jonglage et de manipulation ;
- des exercices de passes ;
- des exercices de dribbles ;
- des exercices de tirs.

Toutes ces situations doivent être le point de départ de combinaisons ou d'enchaînements qui vont te permettre d'évaluer tes progrès. Tu devras intégrer le ballon dans tous tes déplacements, avec l'habileté et la souplesse d'un jongleur, et cent fois sur le métier remettre ton ouvrage.

Ton niveau technique doit permettre de te rendre très disponible pour ton équipe et de défier tes adversaires.

Les exercices en solitaire

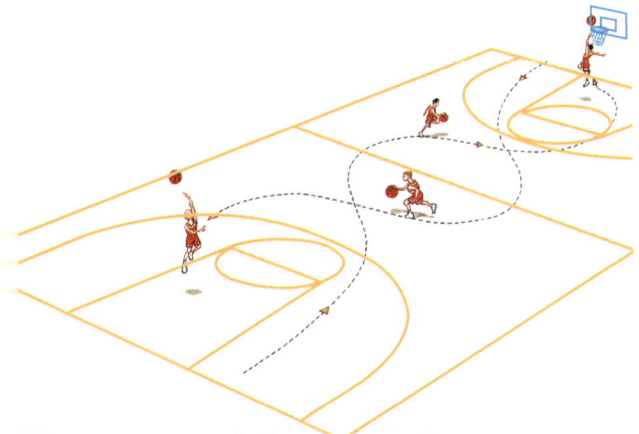

- **Le grand 8**
Parcours de dribbles, main gauche et main droite autour de 3 cercles, se terminant par un tir en course

- **Vitesse-lenteur**
Courses de vitesse en dribble avec périodes rapides et périodes lentes en avant et en arrière, puis tir au panier, à droite et à gauche.

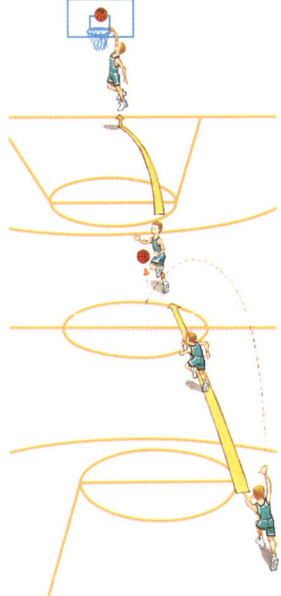

- **Le lancer de poids**
Lance le ballon haut et loin. Tu dois courir le récupérer après le premier rebond et, avant le deuxième, enchaîner en dribblant jusqu'au panier et tirer.

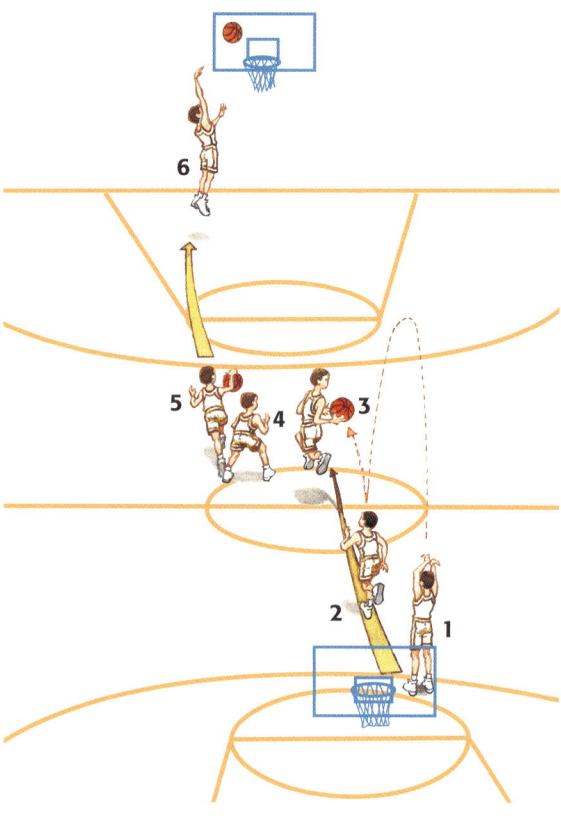

● Lancer-pivoter
Lance le ballon dans le demi-cercle, récupère-le au rebond et arrête-toi. Réalise le pivoter, fais face au panier, dribble et tire.
Le pivoter s'effectue tantôt à l'extérieur, tantôt à l'intérieur.

● Lancer-arrêt simultané
Lance le ballon depuis le rond central, en avant de la ligne médiane, et suis-le. Après un sursaut, saisis le ballon et retombe au-delà de la ligne médiane en un arrêt simultané.
- Soit tu réalises un départ direct main droite/pied droit.
- Soit tu réalises un départ croisé, main droite/pied gauche.
Puis dribble et tire. Et n'oublie surtout pas que tu dois effectuer autant de tentatives à droite qu'à gauche.

● Pieds cloués
Tirs de précision à l'arrêt à une main, la droite à droite du panier et la gauche à gauche du panier.

● Le Marsupilami
Passe par-dessus un repère tracé au sol et, d'un seul bond, propulse-toi en l'air pour tirer en suspension.

● **Rapide et grand**

Lance le ballon vers un plot, récupère-le, pivote et tire en te grandissant.

● **La rafale**

En te servant du mur, réalise un maximum de passes :
● à 2 mains (très précises) ;
● à 1 main ;
● avec rebond au sol ;
● dans le dos ;
● longues ou courtes ;
● hautes ou basses.

● **Tirs sur passe**

Tu peux enchaîner sur le retour de passe au mur avec un arrêt, puis un pivoter, un dribble et un tir. Tu peux aussi ne pas t'arrêter si la force de ta passe a été bien mesurée pour une récupération dans la course. Sur les passes loin du panier, tu peux tirer en course à la réception du ballon.

Sur les passes plus proches du panier, tu tentes un tir en suspension après rebond.

Les exercices en groupe

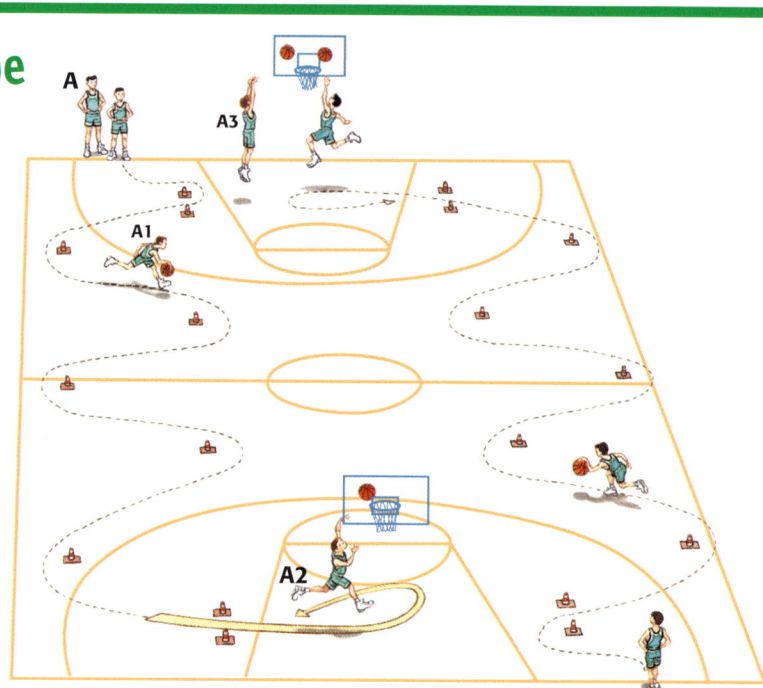

● **Relais-slalom**

Ton équipe A défie l'équipe B
sur ce parcours relais/slalom
avec tir en course à l'aller et tir
en suspension au retour.

● **Les statues**

3 attaquants se déplacent sur tout le terrain,
en dribble. 3 défenseurs tentent de les stopper
ou de leur faire perdre le ballon. L'attaquant
qui s'arrête ou perd son ballon est statufié
sur place. L'équipe gagnante est celle qui
immobilise les 3 adversaires dans le temps
le plus court.

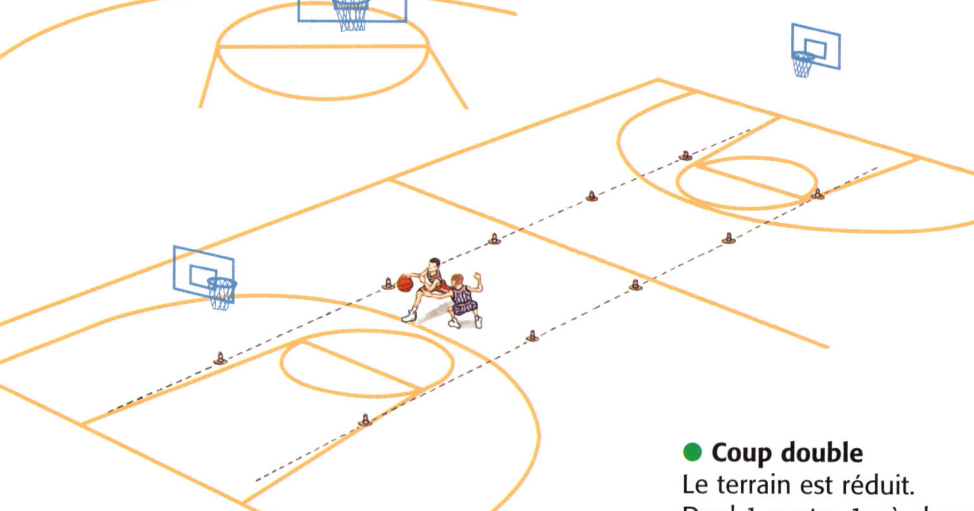

● **Coup double**

Le terrain est réduit.
Duel 1 contre 1 où chaque joueur doit
réussir 2 paniers consécutifs sans que
son adversaire en réussisse 1 seul.

● **Le barrage**

3 attaquants évoluent en dribble dans 3 couloirs.
Ils doivent rejoindre le panier adverse malgré
la vigilance de 3 défenseurs
et tenter un tir.

● **Relais/duel**

Chaque équipe présente
4 ou 5 joueurs qui vont
s'affronter dans un duel
dont le vainqueur est
le premier à marquer.

● **À toi, à moi**

Échanges de passes entre
2 partenaires sur toute la longueur
du terrain, sans dribbler et sans faire
tomber le ballon.
Il faut réaliser des passes
poitrine/poitrine, bien respecter
le rythme 1/2, pied gauche/pied droit
ou inversement, et veiller à ne pas
faire de marcher.

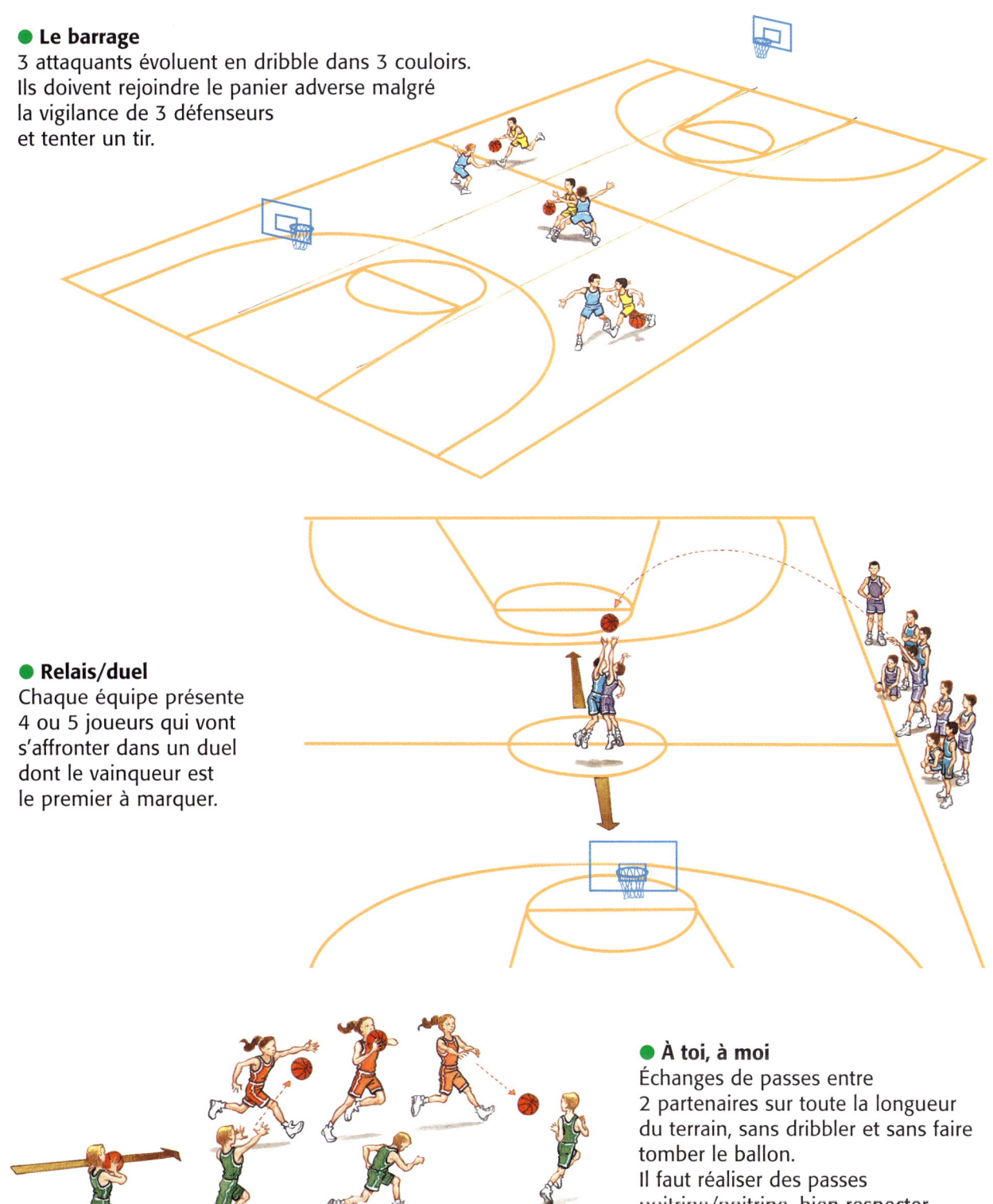

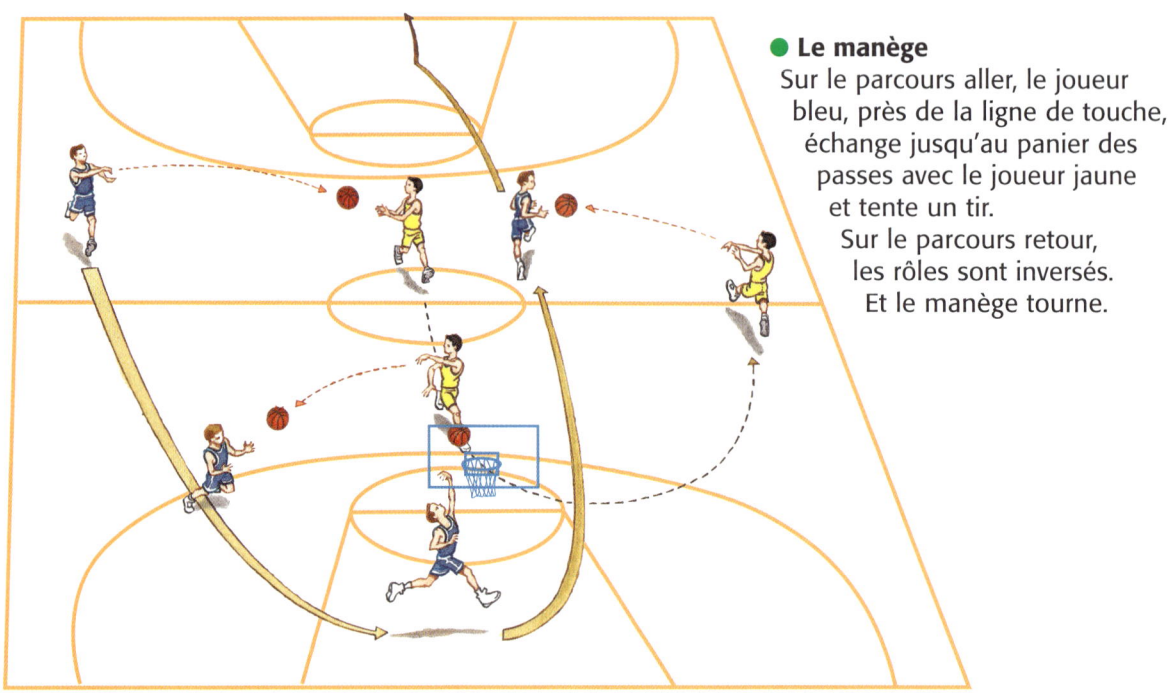

● **Le manège**

Sur le parcours aller, le joueur bleu, près de la ligne de touche, échange jusqu'au panier des passes avec le joueur jaune et tente un tir.
Sur le parcours retour, les rôles sont inversés.
Et le manège tourne.

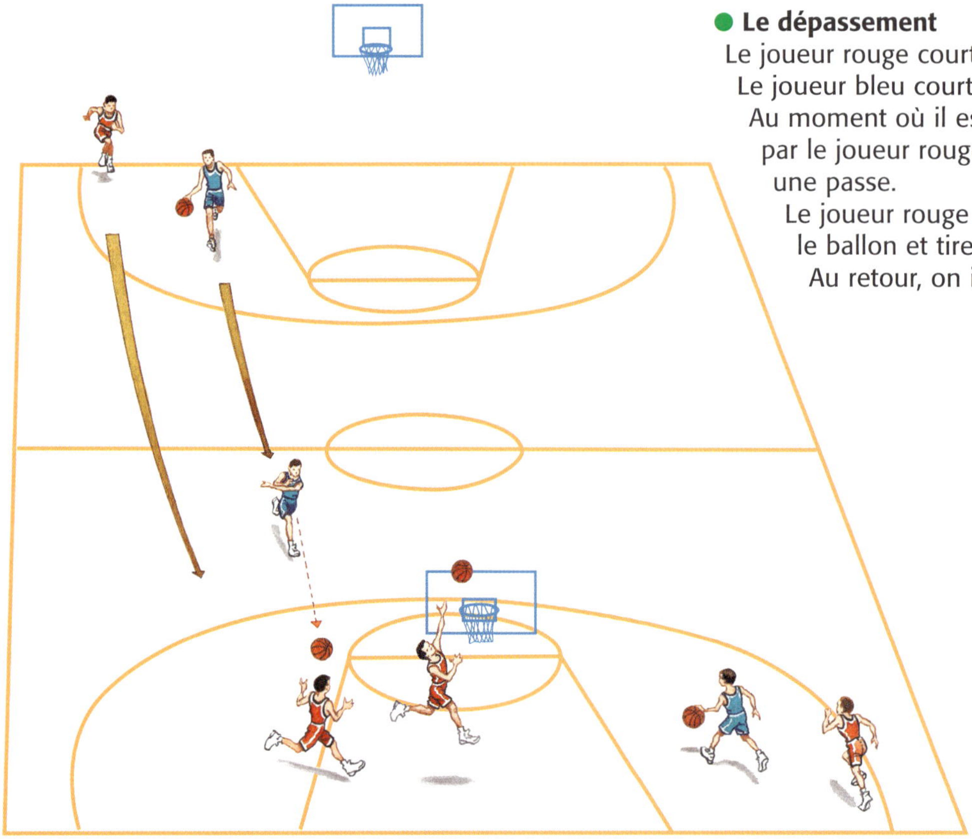

● **Le dépassement**

Le joueur rouge court sans ballon.
Le joueur bleu court en dribblant.
Au moment où il est dépassé par le joueur rouge, il lui fait une passe.
Le joueur rouge réceptionne le ballon et tire en course.
Au retour, on inverse les rôles.

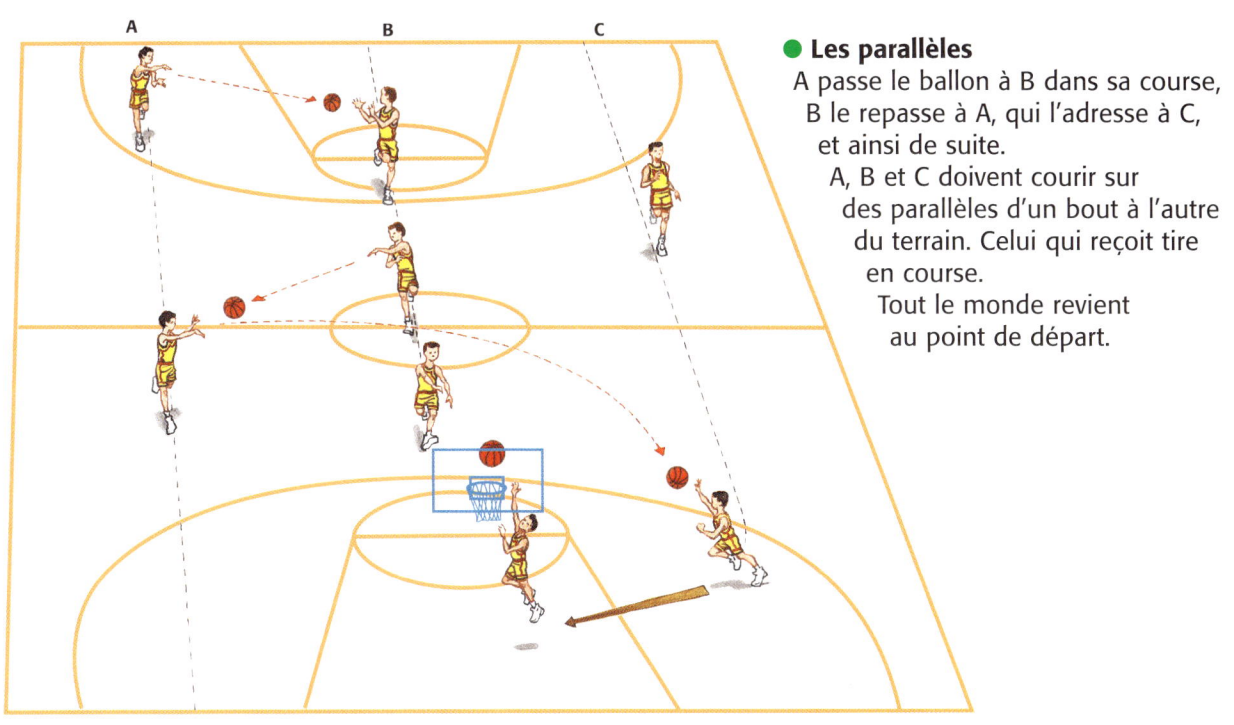

● **Les parallèles**

A passe le ballon à B dans sa course,
B le repasse à A, qui l'adresse à C,
et ainsi de suite.

A, B et C doivent courir sur
des parallèles d'un bout à l'autre
du terrain. Celui qui reçoit tire
en course.

Tout le monde revient
au point de départ.

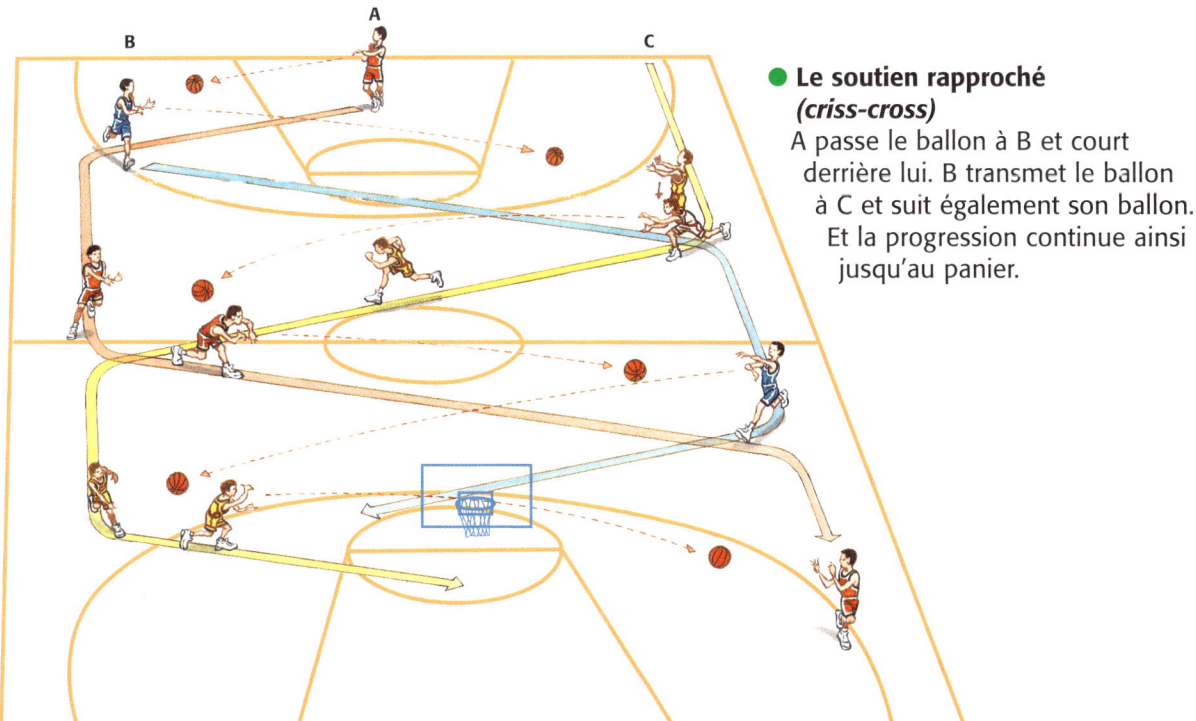

● **Le soutien rapproché**
(criss-cross)

A passe le ballon à B et court
derrière lui. B transmet le ballon
à C et suit également son ballon.
Et la progression continue ainsi
jusqu'au panier.

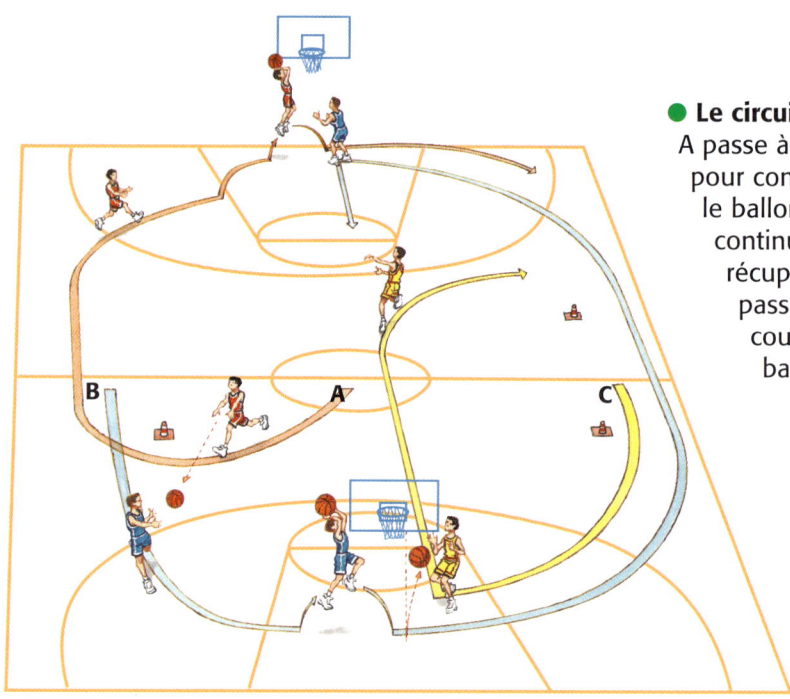

● **Le circuit continu**

A passe à B après la borne et suit pour contourner le plot. B reçoit le ballon, tire en pleine course et continue sa course à l'opposé. C récupère le ballon après le tir et passe à A, qui est déjà reparti en course. Le jeu ne s'arrête pas, le ballon ne doit pas tomber.

● **Le tour de rôle**

2 attaquants A et B jouent en passes ou en dribble. Si le défenseur C intercepte, il devient attaquant à la place de celui qui a fait une erreur.

● **Les boucles**

A est un échangeur. Quand il vient vers B, celui-ci sprinte, contourne la borne, réceptionne le ballon passé par A et tire. C fait la même chose et choisit le sens de la rotation autour de la borne.

● **La transformation**

Le joueur rouge tire au panier et se transforme en défenseur de l'autre panier. Le joueur vert récupère le ballon, le transmet au joueur bleu, qui dribble jusqu'à l'autre panier et doit tenter un tir malgré la défense du joueur rouge.

C'est du jeu à 2 contre 1.

Tests Évalue ton niveau de jeu

● Tu dois réussir un maximum de lancers francs, sans échec, sur l'un des paniers. Sur l'autre, tu dois réussir tes tirs à chaque emplacement défini, sans échec. Durée de l'exercice : 30 s.

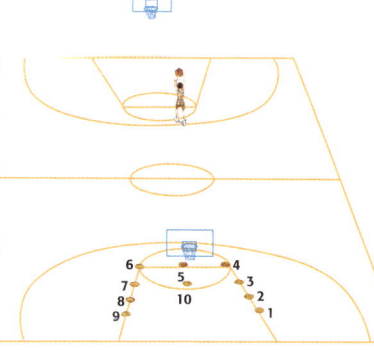

● En 1 mn, tente un maximum de tirs. Sur un panier, tire, suis, récupère, sors de la zone réservée en dribblant et tire à nouveau le plus vite possible. Sur l'autre panier, tire en course après un circuit autour de la zone.

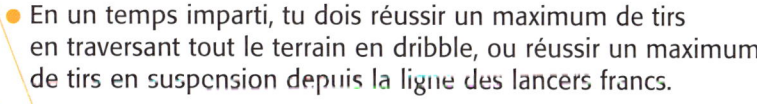

● En un temps imparti, tu dois réussir un maximum de tirs en traversant tout le terrain en dribble, ou réussir un maximum de tirs en suspension depuis la ligne des lancers francs.

VII

Le basket en France et dans le monde

Des centaines de milliers de matchs se déroulent chaque année dans le monde. Le basket est un sport de compétition planétaire.

Le basket en France

Près de 500 000 licenciés pratiquent le basket en France dans plus de 4500 clubs ou associations.

La FFBB
(Fédération Française de Basket-Ball)

La Fédération française, qui a été créée en 1932, a la responsabilité de l'organisation du basket national, qu'il soit amateur ou professionnel.

La pyramide de la FFBB

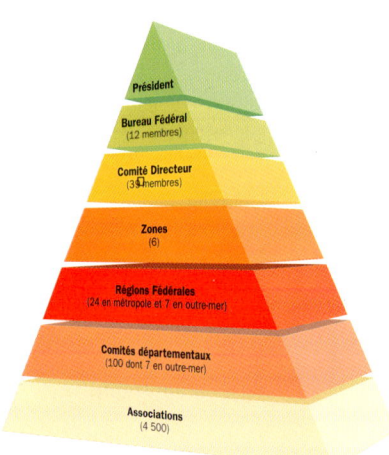

Président

Bureau Fédéral
(12 membres)

Comité Directeur
(3? membres)

Zones
(6)

Régions Fédérales
(24 en métropole et 7 en outre-mer)

Comités départementaux
(100 dont 7 en outre-mer)

Associations
(4 500)

Les régions fédérales

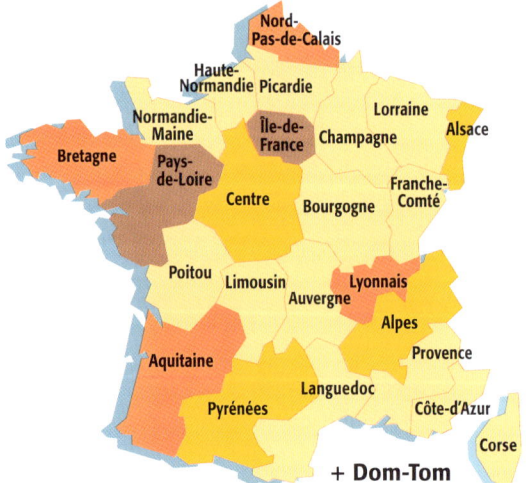

Nord-Pas-de-Calais

Haute-Normandie Picardie

Lorraine

Normandie-Maine Île-de-France Champagne Alsace

Bretagne Pays-de-Loire

Centre Bourgogne Franche-Comté

Poitou Limousin Lyonnais

Auvergne

Alpes

Aquitaine Provence

Languedoc Côte-d'Azur

Pyrénées Corse

+ Dom-Tom

Le basket masculin professionnel est géré par la Ligue Nationale de Basket-ball (LNB). On compte en France 32 clubs professionnels.
Les clubs féminins de haut niveau sont gérés par la Ligue Féminine de Basket-ball (LFB).

Les compétitions nationales

Il existe, tant pour les féminines que pour les masculins, des championnats nationaux par niveaux.

Les compétitions masculines

Les championnats nationaux professionnels

- pro A ;
- pro B ;
- espoirs (centres de formation).

Ces championnats permettent de couronner le champion de France et sélectionnent les équipes qui participeront aux différentes coupes et championnats européens.
Les joueurs étrangers sont autorisés dans ces équipes.

Les autres championnats nationaux

Ils sont organisés à différents niveaux :

- **Seniors**
- nationale 1 ;
- nationale 2 ;
- nationale 3.

- **Les championnats de jeunes**
- championnat de France minimes ;
- championnat de France cadets.

- **Les coupes de France**
Elles sont ouvertes aux clubs engagés volontairement. Elles permettent un brassage de niveaux de pratique, des « petits » clubs pouvant espérer rencontrer des clubs beaucoup plus réputés.

Les compétitions féminines

Les championnats nationaux

La Ligue Féminine, ouverte aux clubs de l'élite féminine avec des joueuses étrangères.
Ces championnats permettent de couronner le champion de France et sélectionnent les équipes qui participeront aux différentes coupes et championnats européens.

- **NF 1 ; Nationale femmes 1**
- **NF 2 ; Nationale femmes 2**
- **NF 3 ; Nationale femmes 3**
- **Jeunes : championnat de France « minimes » et « cadettes ».**

● Les coupes de France

Mêmes dispositions que chez les masculins. Au même titre qu'il existe une organisation nationale des compétitions, les ligues et comités organisent des championnats régionaux et départementaux.

Les autres compétitions

D'autres compétitions sont organisées en France. Il s'agit notamment :

- des compétitions scolaires et universitaires, sous la tutelle de la FNSU pour le sport universitaire, l'UNSS et l'USEP pour le sport scolaire dans le primaire et le secondaire ;
- des compétitions dépendant d'autres fédérations comme l'UFOLEP, la FSCF et la FSGT.

Comment devenir professionnel

La voie la plus commune est d'emprunter le parcours des centres de formation.

Dès l'âge de 16 ans, un jeune garçon ou une jeune fille peuvent être sélectionnés et recrutés par un centre de formation s'ils présentent les aptitudes et capacités potentielles pour jouer à haut niveau.

Dans ces centres, les joueurs bénéficient d'une formation tant scolaire que sportive, avec un suivi sérieux dans tous les domaines, y compris médical. Selon l'âge, ils ont un statut différent avec un contrat. Voici les différents statuts pour les masculins.

Le joueur aspirant

Il concerne des jeunes âgés de 16, 17 et 18 ans. Un engagement est signé entre les deux parties (le club et le joueur). Au terme de sa formation, le joueur aspirant, selon son niveau, pourra continuer vers le professionnalisme en signant un contrat de joueur stagiaire. À défaut, il retournera dans un club amateur.

Le joueur stagiaire

Son niveau de basket se confirme et il lui arrive d'être invité à l'entraînement de l'équipe professionnelle.
Le contrat est à durée déterminée, au maximum 2 saisons sportives, et concerne des jeunes de 19 à 21 ans. Le joueur stagiaire est indemnisé.

Le joueur de haut niveau

À l'issue de sa formation de joueur stagiaire, le joueur pourra bénéficier d'un contrat de joueur de haut niveau. L'engagement est à durée déterminée, au maximum 4 ans.
Des engagements de joueurs de haut niveau peuvent être conclus pour certains éléments n'ayant pas suivi la filière « stagiaire ».
Dans -ce cas, le contrat est d'un an minimum.
En dehors de la filière des centres de formation, certains joueurs peuvent obtenir un contrat de haut niveau en ayant suivi une formation dans d'autres structures.

Les sections sportives

Les collèges et les lycées peuvent abriter dans leurs structures une section sportive inscrite dans le projet de l'établissement. Une sélection a lieu pour le recrutement dans ces structures ; il faut être d'un bon niveau pour y prétendre.

Le Centre fédéral de l'INSEP

Cet établissement multisports accueille, dans une structure de haut niveau coordonnée par l'INSEP et la FFBB, des jeunes gens et des jeunes filles de 15 à 18 ans. Les jeunes admis à suivre leur formation au Centre Fédéral de Basket-Ball sont généralement sélectionnés dans les équipes de France « Jeunes ».

Comment devenir entraîneur

Tu aimes le basket-ball et désires transmettre tes connaissances et ta passion à d'autres pratiquants. Tu peux devenir entraîneur et diriger un jour des équipes prestigieuses, après un parcours de formation sélectif.

Les entraîneurs bénévoles

Ils s'occupent et dirigent des équipes, sans rémunération. Pour les perfectionner dans leur action, la Fédération Française de Basket-Ball a mis en place une formation d'entraîneurs fédéraux.

L'initiateur de club

C'est un cadre responsable de jeunes au sein d'un club. Le diplôme d'initiateur de club est délivré à la suite d'une formation « en interne » dans les clubs-formateurs.
On peut aborder cette formation dès l'âge de 16 ans.

L'entraîneur départemental

Son niveau est plus élevé, car il suppose des connaissances approfondies sur la technique, la tactique et la pédagogie avec des jeunes adolescents.

L'entraîneur régional

Il se destine à l'entraînement de jeunes ou d'équipes seniors évoluant à un bon niveau de pratique.

Les entraîneurs professionnels

Ils peuvent entraîner et recevoir une rétribution pour exercer cette fonction. Mais ils doivent être titulaires d'un brevet d'État (ce qui ne signifie pas que des titulaires du brevet d'État ne puissent pas entraîner bénévolement !).

Les niveaux des brevets d'État en basket-ball sont les suivants :
- Le BE1 : son titulaire peut entraîner des équipes seniors jusqu'en nationale 3 masculine et jusqu'en NF IB féminine.
- Le BE2 : il y a lieu de distinguer :
  - Le brevet d'État 2e degré « spécifique », qui autorise l'entraînement des équipes de nationale 2 masculines ;
  - Le brevet d'État 2e degré « complet », qui, seul, permet d'entraîner les équipes professionnelles Pro A, Pro B et LNF.

Les brevets d'État sont délivrés par le ministère de la Jeunesse et des Sports.

Le basket américain

En Amérique du Nord, et plus précisément aux États-Unis, le basket est une institution, au même titre que le football américain ou le base-ball !

Le basket américain est un formidable spectacle organisé par une gigantesque entreprise, la NBA, qui exporte dans le monde entier l'image de ses clubs prestigieux et de ses joueurs devenus stars ou, pour certains d'entre eux, « demi-dieux ».

Le basket des collèges et universités

Contrairement à ce qui existe en France, où le basket est implanté dans les clubs, le basket américain est caractérisé par une assise scolaire et universitaire. Chaque établissement, qu'il soit public ou privé, s'efforce de retirer de ses résultats sportifs notoriété et moyens de fonctionnement. Le basket est très populaire aux Etats-Unis, où il est fortement enraciné dans la culture et l'univers des collèges.
Les coaches (entraîneurs) y sont des personnages très importants.
À tous les niveaux de l'institution scolaire et universitaire, les compétitions sont organisées sous l'égide de :

● **la NFSHSA** (National Federation Sport High School Amateur), qui regroupe 18 000 équipes de lycée ;
● **la NCAA** (National College Amateur Association), qui gère les compétitions d'un millier d'universités (dont un peu moins de 300 sont des Major Colleges). La phase finale de la compétition organisée par la NCAA s'appelle le « Final Four », et consacre la meilleure université de la saison.

L'université est le lieu où s'aguerrissent les meilleurs joueurs (18 à 22 ans), le creuset où se forment les futures vedettes du basket pro.

À l'opposé du basket universitaire, le basket professionnel est un basket de stars géré par une vaste entreprise commerciale : la NBA.

La NBA (National Basket-ball Association)

C'est une gigantesque organisation de spectacle-basket et une colossale affaire commerciale. C'est la première entreprise mondiale du sport. Elle est par ailleurs présente dans toutes les compétitions mondiales (jeux Olympiques, championnats du monde), où elle affirme la suprématie du basket américain.

La NBA « aspire » les meilleurs joueurs universitaires des États-Unis recrutés chaque année par les équipes, à partir de la Draft, les équipes les plus faibles pouvant acquérir les meilleurs joueurs.

La Draft

La Draft, c'est le moment du choix des meilleurs universitaires et des étrangers par les équipes professionnelles.
Ce choix est effectué dans l'ordre de préférence inverse du classement de la saison écoulée.
Cette particularité permet d'équilibrer la qualité des équipes dans l'optique de la saison suivante, même si les joueurs « draftés » peuvent être échangés par les clubs !

La NBA : le championnat

Il regroupe 29 équipes divisées en 2 conferences, comprenant chacune 2 divisions selon le tableau suivant :

● Conferences :	● Divisions :	● Quelques équipes :	
Western Conference (Conference Ouest)	Midwest Division	Houston Rockets	Orlando
	Pacific Division	San Antonio Spurs	New York Knicks
Eastern Conference (Conference Est)	Atlantic Division	Los Angeles Lakers	Chicago Bulls
	Central Division	Phoenix Suns	Detroit Pistons

La saison régulière se déroule de novembre à avril.
Chaque équipe dispute 82 matchs !
Elle doit rencontrer 5 fois les équipes de sa division, 4 fois les équipes de sa *conference,* 2 fois les équipes de l'autre *conference.*
Seules sont qualifiées pour les play-off les 8 meilleures équipes de chaque *conference.*

La NBA : les play-off

● Le 1er tour
Dans chaque *conference,* la meilleure équipe qualifiée rencontre la moins bien classée,
la deuxième rencontre l'avant-dernière et ainsi de suite.
La première équipe remportant 3 victoires gagne le premier tour.

● Les tours suivants
La victoire est attribuée à l'équipe qui remporte 4 matchs dans une confrontation avec une autre équipe (7 matchs, au maximum, peuvent être disputés).

● La finale NBA
Elle oppose la meilleure équipe de chaque *conference* (nécessité d'obtenir 4 victoires pour être déclaré champion NBA).

Les règles particulières à la NBA

Dans leur esprit, les règles sont les mêmes que celles de la FIBA ; cependant, quelques dispositions ont été édictées pour rendre le jeu plus spectaculaire.

- Le temps de jeu : 48 mn divisées en 4 temps de 12 mn chacun.
- La durée des attaques : l'équipe dispose de 24 s pour tenter un tir.
- Les temps morts : 7 temps morts de 1 mn 40 s chacun, auquel s'ajoute 1 temps mort de 20 s par mi-temps.
- Les tracés du terrain : la zone restrictive est un rectangle.
- La défense de zone est possible.
- Exclusion pour 6 fautes personnelles.

La NBA : le « All Star Game »

Il permet chaque année la confrontation des meilleurs joueurs de chaque *conference,* ces joueurs étant élus par le public.
Le record de sélection pour un joueur à cette manifestation est de 19 pour le célèbre Kareem Abdul Jabbar.
Depuis la création de ce challenge, la *conference* de l'Est l'emporte actuellement au nombre des victoires.
Parmi les concours associés au week-end du All Star Game :

- le Slam Dunk Contest (concours de smashes) ;
- le Three Point Shoot Out (concours de tirs à 3 points).

La NBA : les distinctions

À la fin de chaque saison, un jury composé de journalistes désigne les lauréats des distinctions individuelles suivantes :

- le **M.V.P.** (Most Valuable Player) : le meilleur joueur ;
- le **Defensive Player of the Year** : le meilleur défenseur ;
- le **Roockie of the Year** : le meilleur joueur débutant en NBA ;

- le **Most Improved Player** : le joueur ayant le plus progressé en cours de saison ;
- le **Sixth Man Award** : le meilleur 6e homme ;
- **IBM Award** : le joueur le plus complet déterminé par les statistiques ;
- le **Coach of the Year** : le meilleur entraîneur de l'année ;
- le **All NBA First Team** : le meilleur cinq majeur de l'année.

LA NBA EN CHIFFRES

Quelques records à battre
Michael Jordan
Kareem Abdul Jabbar

Michael Jordan

Kareem Abdul Jabbar

● Points en 1 match : 100 par Wilt Chamberlain (1962).

● Points sur une saison : 4 029 (moy. 50,4) par Wilt Chamberlain (1961-62).

● Rebonds en 1 match : 55 par Wilt Chamberlain (1960).

● Rebonds sur une saison : 2 149 (moy. 27,2) par Wilt Chamberlain (1960-61).

● Contres en 1 match : 17 par Elmore Smith (1973).

● Contres sur une saison : 456 (moy. 5,56) par Mark Eaton (1984-85).

● Points dans une carrière : 38 887 par Kareem Abdul-Jabbar (1969-89).

● Moyenne de points par match dans une carrière :
30,2 par Michael Jordan (1984-2003).

● Lancers francs réussis dans une carrière : 9175 par Karl Malone (1985-2004).

● Victoires en une saison : 72 par les Chicago Bulls (1995-1996).

● Le score le plus élevé : Detroit Pistons-Denver Nuggets 186-184 en 1983.

● Le score le plus faible : Milwaukee-Boston 57-62 en 1955.

● Le plus grand nombre de spectateurs : 91 983, Detroit-Boston en 1988.

Karl Marlone

Les compétitions internationales

Le basket est un sport universel qui organise de nombreuses compétitions où se mesurent équipes nationales ou équipes de club. Parmi elles évoluent des joueurs fantastiques, puissants, diaboliquement adroits ou fins stratèges.

Ces compétitions se déroulent sous l'autorité de la FIBA (Fédération Internationale de Basket-ball Amateur).

Les jeux Olympiques

Le basket a été admis dans la grande famille des disciplines olympiques en 1936, aux J.O. de Berlin.

Il le fut pour les féminines aux J.O. de Montréal, en 1976.

Comme tu le sais, c'est en 1992, aux J.O. de Barcelone, que les professionnels ont été admis à participer à ces Jeux, ce qui a permis au monde entier de découvrir la dream team et ses vedettes adulées.

La grande majorité des titres olympiques ont été décernés aux États-Unis (10 titres sur les 14 olympiades).

Les championnats du monde

Organisés tous les 4 ans (2 ans avant les J.O.) depuis 1950, ils réunissent les meilleures équipes nationales des championnats continentaux.

Les compétitions européennes

Les championnats d'Europe des nations masculins et féminins

Les compétitions européennes des clubs

● L'Eurolligue

La compétition majeure régroupe les meilleurs clubs des pays qualifiés.

À l'issue d'une première phase, les clubs disputent des matchs par élimination directe.

Les 4 meilleures équipes sont réunies (Final Four) pour désigner le champion d'Europe de l'année.

Glossaire des expressions idiomatiques du basket-ball américain

A

Alley-oop : passe lobée juste au-dessus du panier, pour le pivot, ponctuée par un smash.

B

Backdoor : mouvement offensif ; appel de balle effectué en contournant le défenseur par l'arrière.

Block : contre.

C

Center ou **pivotman** ou **big man** ou **man in the middle :** pivot central ou n° 5.

Coast to coast : traversée du terrain en dribble, d'un panier à l'autre, suivie d'un tir.

Cut : traverser la raquette, couper au panier.

D

Double team ou **trap :** prise à deux sur le porteur.

Drive the ball : dribbler rapidement vers le panier dans l'intention de marquer.

Dunk ou **stuff** ou **jam :** smash.

Drill : exercice.

F

Fast break : contre-attaque.

Follow through

Follow through : action d'accompagnement de la main vers la cible lors d'un shoot, d'une passe ou d'un dribble.

Forward : avant ou centre ou pivot.

G

Give and go : passe et va.

Guard : meneur.

H

Hook shot : bras roulé.

J

Jump shot : shoot en extension.

L

Lay-up : double pas.

M

Main-to-man defense : défense homme à homme.

Mismatch : situation où un joueur de grande taille est marqué par un joueur de petite taille suite à une erreur, un écran.

N

No look pass : passe aveugle.

O

Outlet pass : passe « d'ouverture », ou première passe de la contre-attaque effectuée par le pivot au rebond défensif.

P

Pick ou **screen :** écran.

Pick and roll

Pick and roll : un attaquant sans ballon réalise un écran sur le défenseur du porteur de balle et exécute un pivot pour appeler la balle.

Point guard : meneur shooteur.

Pump fake : feinte de shoot avec une flexion des jambes très prononcée.

R

Rebound : rebond.

Referee ou **ref :** arbitre.

Reverse dribble ou **spin dribble :** dribble en pivot ou « reverse ».

S

Scrimmage game : rencontre informelle jouée comme une compétition.

Set a screen : placer un écran.

Set shot : shoot en double appui.

Steal : voler la balle au porteur.

Substitute : remplaçant.

Switch : permutation au marquage défensif suite à un écran ou à une consigne du coach.

T

Tap-in ou **tip-in :** claquette ou rebond.

Time out : temps mort.

Triple threat ou **square up stance :** position triple menace permettant de shooter, passer ou dribbler.

V

V-Cut : aiguillage.